राजभाषा नोट्स

श्वेता मिश्रा

Made with ♥ on the Notion Press Platform
www.notionpress.com

श्री-कृष्ण-गोविंद-हरे-मुरारी-हे-नाथ-नारायण-वासुदेवा

समर्पण

स्वर्गीय रामानंद मिश्र

(ग्राम तुरकौलिया ,गोला बाजार ,गोरखपुर)

की

पुण्य स्मृति

में

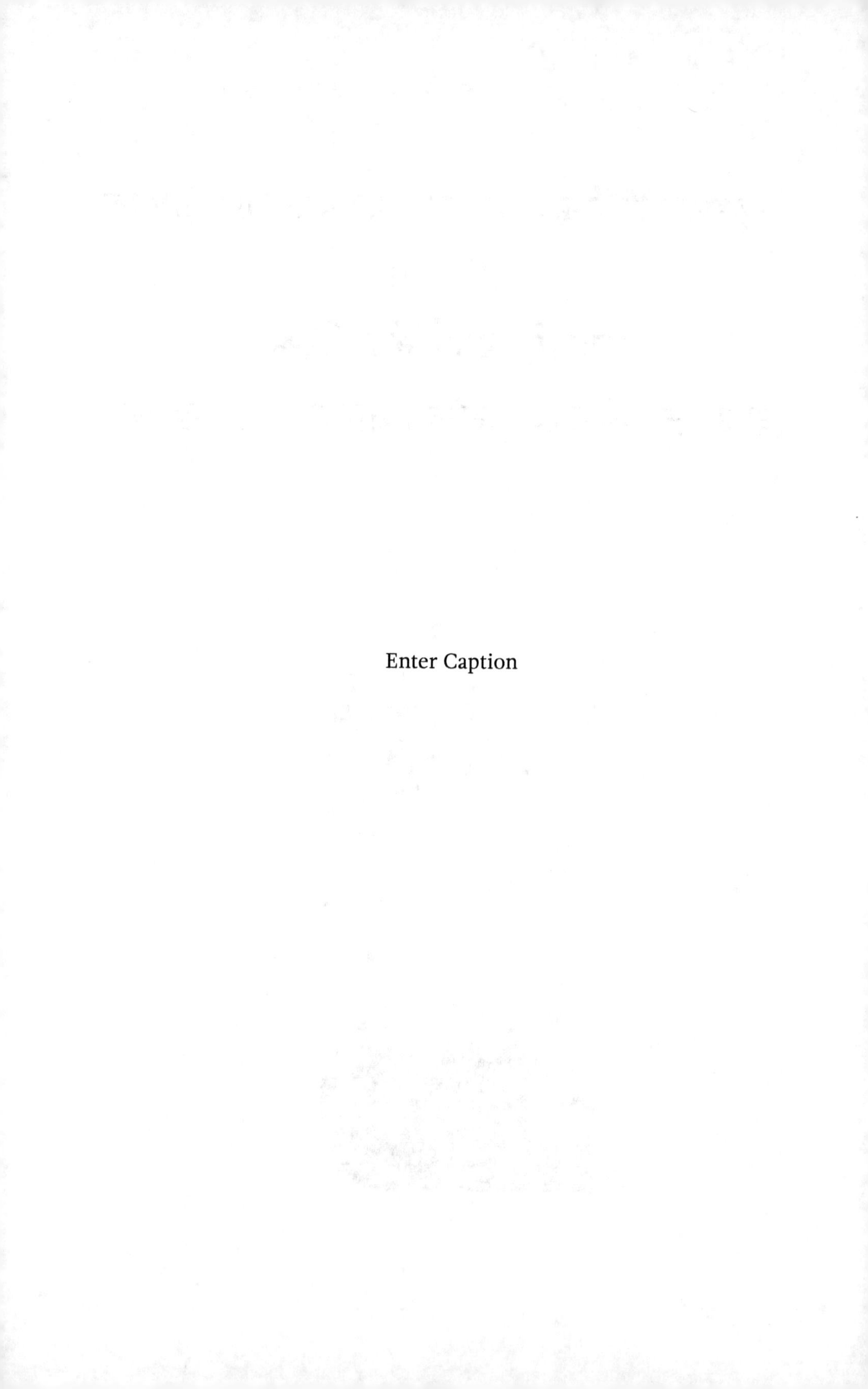

Enter Caption

क्रम-सूची

प्रस्तावना

हमारा भारत विविधताओं से भरा हुआ देश है । यहां गुजरात से अरुणाचल प्रदेश तक तथा कश्मीर से कन्याकुमारी तक अनेक धर्म जाति विभिन्न संस्कृतियों ,भाषा और भाषा शैली का प्रयोग किया जाता है । हिंदीभारत में सबसे अधिक बोली जाने वाली भाषा है। भारत में 19000 से अधिक भाषाएं या बोलियां मातृभाषा के तौर पर बोली जाती हैं। जनगणना के ताजा विश्लेषण के अनुसार ऐसी 121 भाषाएं हैं । जो भारत में 10 हजार या उससे *अधिक* लोग बोलते हैं। भारत में लगभग 43.63% प्रतिशत लोग हिंदी की मातृभाषा हिंदी है । अतः देश के सर्वाधिक लोग यह चाहते हैं कि हिंदी को जो सर्वाधिक लोगों द्वारा बोली जाने वाली भाषा है । इस देश की एक प्रतिनिधि भाषा यानि राष्ट्रभाषा का दर्जा दिया जाए ।

सन १९१८ में राष्ट्रपिता महात्मा गाँधी ने इन्दौर में सबसे पहले हिन्दी को राष्ट्रभाषा बनाने का आह्वान किया था।महात्मा गांधी ने इंदौर के हिंदी साहित्य सम्मेलन में कहा था, "जैसे ब्रिटिश अंग्रेजी में बोलते हैं और सारे कामों में अंग्रेजी का ही प्रयोग करते हैं. वैसे ही मैं सभी से प्रार्थना करता हूं कि हिंदी को राष्ट्रीय भाषा का सम्मान अदा करें. इसे राष्ट्रीय भाषा बनाकर हमें अपने कर्तव्य को निभाना चाहिए."। लेकिन अहिंदी भाषी क्षेत्रों के अनेक विद्वानों और नागरिकों का कहना था कि किसी भी भाषा को दूसरी भाषा के ऊपर थोपा नहीं जाना चाहिए चाहिए। अतः हमारे संविधान निर्माताओं ने काफी विचार-विमर्श के बाद भी हिंदी को राष्ट्रभाषा का दर्जा देने को व्यवहारिक नहीं माना और उसे अंग्रेजी के साथ हिंदी को केवल कामकाज की भाषा के रूप में स्वीकार किया।

केंद्र सरकार द्वारा राजभाषा के रूप में हिंदी के प्रसार प्रचार और प्रयोग से संबंधित विभिन्न नियम और अधिनियम बनाए गए हैं ताकि लोग सुगमता से अपने विचारों को हिंदी में व्यक्त करने के लिए प्रेरित हो।रेलवे द्वारा संचालित एलडीसी की परीक्षाओं में 15 नंबर के बहुविकल्पी प्रश्न राजभाषा से पूछे जाते हैं ।इसको ध्यान रखते हुए विभिन्न नियमों अधिनियम तथा भारी संख्या में बहुविकल्पीय प्रश्नों को इस बुक के द्वारा आपको प्रेषित किया जा रहा है ।ताकि कर्मचारियों को राजभाषा से संबंधित मौलिक जानकारी हो सके तथा साथ ही साथ परीक्षा में सम्मिलित होने वाले प्रश्न पत्र सुगमता पूर्वक हल कर सकें।

श्वेता मिश्रा लखनऊ

1

- राष्ट्रभाषा,राजभाषा • हिन्दी दिवस • हिन्दी सप्ताह • विश्व की भाषाएं • देश की भाषाएं

<u>राष्ट्रभाषा और राजभाषा</u>

- **राष्ट्रभाषा** का अर्थ है- राष्ट्रभाषा का अर्थ किसी राष्ट्र की सबसे मुख्य भाषा- सबसे अधिक लोगों द्वारा बोली जाने वाली भाषा जिसमें अधिकांश लोग अपने विचारों को व्यक्त करते हैं, एक दूसरे से वार्तालाप करते हैं यूँ तो भारत में भारत की 46% आबादी की मातृभाषा हिंदी है फिर भी संवैधानिक राष्ट्रभाषा का दर्जा नहीं प्राप्त है।

- राष्ट्रभाषा शब्द संवैधानिक शब्द नहीं है बल्कि यह प्रयोगात्मक व्यवहारिक व जन मान्यता प्राप्त शब्द है।

• हमारे देश भारत की कोई भी राष्ट्रभाषा नहीं हैं।

• हिन्दी हमारे देश की राज भाषा है।

- भारतीय संविधान की रचना के लिए भारत की संविधान सभा का चुनाव जुलाई 1946 में सम्पन्न हुआ था ।इस सभा ने अपना कार्य 1 दिसम्बर 1946 से आरम्भ कर दिया।

- डॉ राजेन्द्र प्रसाद, भीमराव अम्बेडकर, सरदार वल्लभ भाई पटेल, श्यामा प्रसाद मुखर्जी, जवाहरलाल नेहरू, मौलाना अबुल कलाम आजाद आदि इस सभा के प्रमुख सदस्य थे। अनुसूचित वर्गों से 30 से ज्यादा सदस्य इस सभा में शामिल थे। सच्चिदानन्द सिन्हा इस सभा के प्रथम सभापति थे। किन्तु बाद में डॉ राजेन्द्र प्रसाद को सभापति निर्वाचित किया गया। भीमराव अंबेडकर को निर्मात्री समिति का अध्यक्ष चुना गया था।

- महात्मा गांधी और जवाहरलाल नेहरू ने हिंदुस्तानी (हिंदी और ऊर्दू का मिश्रण) भाषा का समर्थन किया, इनके साथ कई और सदस्य भी शामिल हुए लेकिन विभाजन की वजह से लोगों के मन में काफी गुस्सा था, इसलिए हिंदुस्तानी भाषा की जगह शुद्ध हिंदी के पक्षधर का पलड़ा ज्यादा भारी होने लगा। इधर दक्षिण भारत के सदस्य हिंदुस्तानी और हिंदी दोनों भाषा के खिलाफ थे.

- 14 जुलाई, 1947 को जब संविधान सभा का सत्र प्रारंभ हुआ तब सत्र के दूसरे ही दिन यह संशोधन प्रस्तुत किया गया कि 'हिन्दुस्तानी' के स्थान पर 'हिंदी' शब्द रखा जाए।

- समस्या का हल निकालने के लिए एक समिति का गठन किया गया, जिसके सदस्य थे, श्री गोपालस्वामी आयंगर, श्री टी.टी. ष्णामाचारी, श्री ए.के. आयंगर, श्री के. एम. मुंशी, श्री भीमराव अम्बेडकर, श्री सआदुल्ला, श्री एम.एल. राव, मौलाना अबुल कलाम आजाद, पंडित गोविन्द वल्लभ पंत, राजर्षि पुरूषोत्तमदास टंडन, श्री बाल कृष्ण शर्मा नवीन, श्री श्यामाप्रसाद मुखर्जी और श्री के. सन्थानम्।

Enter Caption

- इस बहस के दौरान जो विचार सामने आए उन्हें ध्यान में रखते हुए संविधान के उपबन्धों को जो रूप दिया गया है उसे **मुंशी आयंगर सूत्र** कहते हैं।
- 14 सितम्बर 1949 को 6 बजे तक सभी पहलुओं पर विचार कर मुंशी आयंगर सूत्र में सुधार कर दिया गया और इस प्रकार 14 सितम्बर 1949 को राजभाषा का दर्जा प्राप्त हो गया ।
- डॉ. राजेन्द्र प्रसाद ने अंत में जो भाषण दिया उसे यथावत भारतीय संविधान सभा की सरकारी रिपोर्ट के हिंदी संस्करण से उद्धृत किया जा रहा है।

"अब आज की कार्रवाई समाप्त होती है, किंतु सदन को स्थगित करने से पूर्व मैं बधाई के रूप में कुछ शब्द कहना चाहता हूं -मेरे विचार में हमने अपने संविधान में एक ध्याय स्वीकार किया है जिसका देश के निर्माण पर बहुत प्रभाव पड़ेगा। हमारे इतिहास में अब तक कभी भी एक भाषा को शासन और प्रशासन की भाषा के रूप में मान्यता नहीं मिली थी। हमारा धार्मिक साहित्य और प्रकाश संस् त में सन्निहित था। निःसंदेह उसका समस्त देश में अध्ययन किया जाता था, किंतु वह भाषा भी कभी समूचे देश के प्रशासनीय प्रयोजनों के लिए प्रयुक्त होती थीआज पहली ही बार ऐसा संविधान बना है जब कि हमने अपने संविधान में एक भाषा रखी है जो संघ के प्रशासन की भाषा होगी और उस भाषा का विकास समय की परिस्थितियों के अनुसार ही करना होगा।मैं हिंदी का या किसी अन्य भाषा का विद्वान होने का दावा नहीं करता । मेरा यह दावा नहीं है कि किसी भाषा में मेरा कुछ अंशदान हैकिंतु सामान्य व्यक्ति के समान मैं कह सकता हूं कि आज यह कहना संभव नहीं है कि भविष्य में हमारी उस भाषा का क्या रूप होगा जिसे आज हमने संघ के प्रशासन की भाषा स्वीकार किया है। हिंदी में विगत में कई-कई बार परिवर्तन हुए हैं और आज उसकी कई शैलियां हैं। पहले हमारा बहुत सा साहित्य ब्रज भाषा में लिखा गया था अब हिंदी में खड़ी बोली का प्रचलन है। मेरे विचार में देश की अन्य भाषाओं के संपर्क से उसका और भी विकास होगा। मुझे इसमें कोई संदेह नहीं है कि हिंदी देश की अन्य भाषाओं से अच्छी-अच्छी बातें ग्रहण करेगी तो उससे उन्नति होगी।

हिन्दी दिवस

- <u>हिन्दी दिवस प्रत्येक वर्ष 14 सितम्बर को मनाया जाता है।</u>
- 14 सितम्बर 1949 को संविधान सभा ने यह निर्णय लिया कि हिन्दी केन्द्र सरकार की राजकीय कार्यों की भाषा होगी।
- अतः वर्ष 1953 से पूरे भारत में 14 सितम्बर को प्रतिवर्ष हिन्दी-दिवस के रूप में मनाया जाता है

हिन्दी सप्ताह

- <u>हिन्दी सप्ताह 14 सितम्बर से एक सप्ताह तक मनाया जाता है।</u>

हिन्दी दिवस के दौरान कई कार्यक्रम होते हैं। इस दिन छात्र-छात्राओं को हिन्दी के प्रति सम्मान और दैनिक व्यवहार में हिन्दी के उपयोग करने आदि की शिक्षा दी जाती है। जिसमें हिन्दी निबंध लेखन, वाद-विवाद प्रतियोगिता आदि होती है।

विश्व की भाषाएं

पूरी दुनिया में भारी संख्या में अनेक भाषाएं बोली जाती हैं कुछ भाषा है तो एक विशाल क्षेत्र में बोली जाती जाती हैं जैसे हिंदी अंग्रेजी चीनी इत्यादि जब कुछ भाषाएं एक छोटे से क्षेत्र में ही बोली जाती है

Enter Caption

भाषा बोलने वालों का क्रम (संख्या -अधिक से कम) निम्न प्रकार से है

सबसे अधिक से कम

अधिक →

अंग्रेज़ी   मन्दारिन   हिन्दी   स्पेनी   फ़्रांसीसी   अरबी   बांग्ला   रूसी   पुर्तगाली   इंडोनेशियाई
चीनी

देश की भाषाएं

देश में सबसे अधिक बोली जाने वाली भाषाओं का क्रम (अधिक से कम) निम्न प्रकार से है

सबसे अधिक से कम- संख्या

अधिक →

हिंदी   बंगाली   मराठी   तेलुगू   तमिल   गुजराती   उर्दू   कन्नड   ओड़िया   मलयालम

Enter Caption

बहुविकल्पीय प्रश्न

1. राजभाषा का अभिप्राय है ?

क	बोलचाल की भाषा	ग	सरकारी कार्यालयों की भाषा
ख	संविधान की भाषा	घ	राष्ट्रभाषा

2. हिंदी को संघ की राजभाषा बनाने के प्रस्ताव के प्रस्तावक कौन थे?

क	श्री गोपालस्वामी आयंगर	ग	पंडित जवाहरलाल नेहरू
ख	श्री राजेंद्र प्रसाद	घ	श्री लाल बहादुर शास्त्री

3. संविधान के अनुसार भारत की राष्ट्रभाषा कौन सी है ?

क	हिंदी	ग	अंग्रेजी
ख	दोनों	घ	उपरोक्त में से कोई नहीं

4. हिन्दी दिवस किस तिथि को मनाया जाता है? *(NAIR/LDCE/2022/AWM-AME)*

क	16 अप्रैल	ग	14 सितम्बर
ख	16 सितम्बर	घ	2 अक्टूबर

5. हिन्दी दिवस कब मनाया जाता है? *(NAIR/LDCE/2022/AEN)*

क	18 जून	ग	14 सितम्बर
ख	15 जनवरी	घ	27 नवंबर

6. संविधान सभा ने किस वर्ष हिंदी को स्वतंत्र भारत की राजभाषा के रूप में स्वीकार किया ? *(NAIR/LDCE/2022/AOM)*

क	26 जनवरी, 1950	ग	09 अगस्त, 1942
ख	15 अगस्त, 1947	घ	14 सितंबर, 1949

7. प्रत्येक वर्ष हिंदी दिवस ....को मनाया जाता है ? *(NAIR/LDCE/2022/AEE)*

क	15 सितंबर	ग	14 सितंबर
ख	16 सितंबर	घ	13 सितंबर

8. भारत में हिंदी दिवस कब बनाया जाता है ?*(ASTE-2022-NAIR-LDCE)*

क	जनवरी 01	ग	सितंबर 04
ख	जनवरी 10	घ	सितंबर 14

9. हिंदी को भारत में संघ की राजभाषा के रूप में कब अपनाया गया था? *(AMM-2022-NAIR-LDCE)*

क	10 जनवरी 1975	ग	10 सितंबर 1975
ख	14 सितंबर 1949 **उत्तर**	घ	14 सितंबर 1963

उत्तर

1.	ग	*2.*	क	*3.*	घ	*4.*	ग	*5.*	ग	*6.*	घ	*7.*	ग	*8.*	घ	*9.*	ख

Enter Caption

2

हमारे संविधान में राजभाषा की स्थिति

हमारे संविधान में अनेक जगह पर हिंदी के संबंध में निम्नलिखित अनुच्छेदों में अनेक तरह के प्रावधान किए गए हैं ।

1. संविधान के भाग 5 के अनुच्छेद 120 में
2. संविधान के भाग 6 के अनुच्छेद 210 में
3. संविधान के भाग 17 के अनुच्छेद 343-351 में
4. संविधान की अनुसूची-8 में

संविधान का भाग	अनुच्छेद	विषय
भाग 5	120	संसद में प्रयोग की जाने वाली भाषा
भाग 6	210	विधान-मंडल में प्रयोग की जाने वाली भाषा
भाग 17	343	संघ की राजभाषा
	344	राजभाषा के संबंध में आयोग और संसद की समिति
	345	राज्य की राजभाषा या राजभाषाएं
	346	एक राज्य और दूसरे राज्य के बीच या किसी राज्य और संघ के बीच पत्रादि की राजभाषा
	347	किसी राज्य की जनसंख्या के किसी भाग द्वारा बोली जाने वाली भाषा के संबंध में विशेष उपबंध
	348	उच्चतम न्यायालय और उच्च न्यायालयों में और अधिनियमों, विधेयकों आदि के लिए प्रयोग की जाने वाली भाषा
	349	भाषा से संबंधित कुछ विधियां अधिनियमित करने के लिए विशेष प्रक्रिया
	350	व्यथा के निवारण के लिए अभ्यावेदन में प्रयोग की जाने वाली भाषा
	350(क)	प्राथमिक स्तर पर मातृभाषा में शिक्षा की सुविधाएं
	350(ख)	भाषाई अल्पसंख्यक-वर्गों के लिए विशेष अधिकारी
	351	हिंदी भाषा के विकास के लिए निर्देश
अनुसूची-8		भारतकी 22 भाषाओं को संविधान की अनुसूची-8 में मान्यता से सम्बंधित

उपरोक्त अनुच्छेदों के बारे में विस्तृत विवरण आगे के पृष्ठों में दिया गया है-

Enter Caption

<u>अनुच्छेद 120 -संसद में प्रयोग की जाने वाली भाषा</u>

अनुच्छेद 348 के उपबंधों के अधीन रहते हुए, **संसद में कार्य हिंदी में या अंग्रेजी में किया जाएगा** परंतु, यथास्थिति, राज्य सभा का सभापति या लोक सभा का अध्यक्ष अथवा उस रूप में कार्य करने वाला व्यक्ति किसी सदस्य को, जो हिंदी में या अंग्रेजी में अपनी पर्याप्त अभिव्यक्ति नहीं कर सकता है, अपनी मातृ-भाषा में सदन को संबोधित करने की अनुज्ञा दे सकेगा ।

<u>अनुच्छेद 120- बहुविकल्पीय प्रश्न</u>

1. भारतीय संविधान के भाग 5 का अनुच्छेद 120 मूलतः किससे सम्बंधित है ?

   क संसद में प्रयोग की जाने वाली भाषा से सम्बंधित **<u>उत्तर</u>**

   ग विधान-मंडल में प्रयोग की जाने वाली भाषा से सम्बंधित

   ख राज्य की राजभाषा या राजभाषाएँ से सम्बंधित

   घ उपरोक्त सभी कथन सत्य हैं ।

2. भारतीय संविधान के भाग 5 का अनुच्छेद 120 का क्या कहना हैं?

   क संसद में कार्य हिंदी में या अंग्रेजी में किया जाएगा ।

   ख राज्यसभा का सभापति अथवा उस रूप में कार्य करने वाला व्यक्ति किसी सदस्य को, जो हिंदी में या अंग्रेजी में अपनी पर्याप्त अभिव्यक्ति नहीं कर सकता है, अपनी मातृ-भाषा में राज्यसभा को संबोधित करने की अनुज्ञा(<u>अनुमति</u>) दे सकेगा ।

   ग लोकसभा का अध्यक्ष अथवा उस रूप में कार्य करने वाला व्यक्ति किसी सदस्य को,जो हिंदी में या अंग्रेजी में अपनी पर्याप्त अभिव्यक्ति नहीं कर सकता है, अपनी मातृ-भाषा में लोकसभा को संबोधित करने की अनुज्ञा(<u>अनुमति</u>) दे सकेगा ।

   घ उपरोक्त सभी कथन सत्य हैं। **<u>उत्तर</u>**

भारतीय संविधान के अनुसार संसद में कार्य किस भाषा में किया जाना अपेक्षित है

   क हिंदी में

   ग अंग्रेजी में

   ख हिंदी या अंग्रेजी में **<u>उत्तर</u>**

   घ उपरोक्त में से कोई नहीं

Enter Caption

अनुच्छेद 210- विधान-मंडल में प्रयोग की जाने वाली भाषा

210(1)

भाग 17 में किसी बात के होते हुए भी, किंतु अनुच्छेद 348 के उपबंधों के अधीन रहते हुए, **राज्य के विधान-मंडल में कार्य राज्य की राजभाषा या राजभाषाओं में या हिंदी में या अंग्रेजी में किया जाएगा** परंतु, यथास्थिति, विधान सभा का अध्यक्ष या विधान परिषद का सभापति अथवा उस रूप में कार्य करने वाला व्यक्ति किसी सदस्य को, जो पूर्वोक्त भाषाओं में से किसी भाषा में अपनी पर्याप्त अभिव्यक्ति नहीं कर सकता है, अपनी मातृभाषा में सदन को संबोधित करने की अनुज्ञा दे सकेगा ।

210(2)

जब तक राज्य का विधान-मंडल विधि द्वारा अन्यथा उपबंध न करे तब तक इस संविधान के प्रारंभ से पंद्रह वर्ष की अवधि की समाप्ति के पश्चात यह अनुच्छेद ऐसे प्रभावी होगा मानो " या अंग्रेजी में " शब्दों का उसमें से लोप कर दिया गया हो :

परंतु हिमाचल प्रदेश, मणिपुर, मेघालय और त्रिपुरा राज्यों के विधान-मंडलों के संबंध में, यह खंड इस प्रकार प्रभावी होगा मानो इसमें आने वाले"पंद्रह वर्ष" शब्दों के स्थान पर "पच्चीस वर्ष" शब्द रख दिए गए हों :

परंतु यह और कि अरूणाचल प्रदेश, गोवा और मिजोरम राज्यों के विधान-मंडलों के संबंध में यह खंड इस प्रकार प्रभावी होगा मानो इसमें आने वाले " पंद्रह वर्ष " शब्दों के स्थान पर " चालीस वर्ष " शब्द रख दिए गए हों ।

Enter Caption

<u>अनुच्छेद 210- बहुविकल्पीय प्रश्न</u>

1. भारतीय संविधान के भाग 6 के किस अनुच्छेद के अंतर्गत राजभाषा सम्बंधित प्रावधानों का उल्लेख है?

   क अनुच्छेद 120   ग अनुच्छेद 210 <u>उत्तर</u>

   ख अनुच्छेद 343-351   घ अनुच्छेद 245-258

2. भारतीय संविधान के भाग 6 के अनुच्छेद 210 के अंतर्गत मूलतः किससे सम्बंधित है ?

   क संसद में प्रयोग की जाने वाली   ग राज्य की राजभाषा या राजभाषाएँ
   भाषा

   ख विधान-मंडल में प्रयोग की जाने   घ उपर्युक्त सभी
   वाली भाषा <u>उत्तर</u>

3. राज्य विधान मंडल में प्रयोग की जाने वाली भाषा का उल्लेख संविधान के किस अनुच्छेद में है?

   क अनुच्छेद 120   ग अनुच्छेद 210 <u>उत्तर</u>

   ख अनुच्छेद 343-351   घ अनुच्छेद 245-258

4. भारतीय संविधान के भाग 6 का अनुच्छेद 210 का क्या कहना है?

   क राज्य के विधान-मंडल में कार्य राज्य की राजभाषा या राजभाषाओं में या हिंदी में या अंग्रेजी में किया जाएगा।

   ख विधान सभा का अध्यक्ष या विधान परिषद का सभापति अथवा उस रूप में कार्य करने वाला व्यक्ति किसी सदस्य को, जो पूर्वोक्त भाषाओं में से किसी भाषा में अपनी पर्याप्त अभिव्यक्ति नहीं कर सकता है, अपनी मातृभाषा में सदन को संबोधित करने की अनुज्ञा दे सकेगा ।

   ग उपरोक्त सभी कथन सत्य हैं ।<u>उत्तर</u>

   घ उपरोक्त में से कोई कथन सत्य नहीं हैं ।

5. भारतीय संविधान के अनुसार राज्य के विधान-मंडल में कार्य किस भाषा में किया जाना अपेक्षित है ?

   क हिंदी में   ग अंग्रेजी में

   ख हिंदी या अंग्रेजी या राज्य की   घ राज्य की राजभाषाओं में
   राजभाषा या राजभाषाओं में <u>उत्तर</u>

Enter Caption

संविधान का भाग 17

हमारे संविधान के भाग 17 में अनुच्छेद 343 से अनुच्छेद 351 हैं ।

- इन अनुच्छेदों को कोई चार कुल 4 अध्यायों में बांटा गया है

अध्याय 1	अनुच्छेद-343 और 344	संघ की भाषा से संबंधित
अध्याय 2	अनुच्छेद-345 से 347	प्रादेशिक भाषाएं से संबंधित
अध्याय 3	अनुच्छेद 348 से349	उच्चतम न्यायालय, उच्च न्यायालयों आदि की भाषा से संबंधित
अध्याय 4	इसमें अनुच्छेद 350 ,350 क, 350 ख और अनुच्छेद 351	विशेष निर्देश से संबंधित

भारतीय संविधान के भाग 17 से सम्बंधित बहुविकल्पीय प्रश्न

1. भारतीय संविधान के भाग 17 में किन अनुच्छेदों में राजभाषा सम्बन्धी प्रावधानों का उल्लेख है ?

   क 343 अनुच्छेद से 351 अनुच्छेद तक **उत्तर**

   ग 342 अनुच्छेद से 351 अनुच्छेद तक

   ख 343 अनुच्छेद से 355 अनुच्छेद तक

   घ 342 अनुच्छेद से 350 अनुच्छेद तक

2. भारतीय संविधान के भाग 17 कुल कितने अध्यायों (चैप्टर्स)में वर्गीकृत है ?

   क 1 अध्यायों (चैप्टर्स)में

   ग 2 अध्यायों (चैप्टर्स)में

   ख 3 अध्यायों (चैप्टर्स)में

   घ 4 अध्यायों (चैप्टर्स)में **उत्तर**

3. भारतीय संविधान के भाग 17 में किन अनुच्छेदों में राजभाषा सम्बन्धी प्रावधानों का उल्लेख नहीं है ?

   क 352 अनुच्छेद में **उत्तर**

   ग 345 अनुच्छेद में

   ख 347 अनुच्छेद में

   घ 351 अनुच्छेद में

4. भारतीय संविधान के भाग में अध्याय (चैप्टर्स) है ?

   क अध्याय 1,अध्याय 2, अध्याय 3,अध्याय 4 **उत्तर**

   ग अध्याय 1, अध्याय 2

   ख अध्याय 1,अध्याय , अध्याय 3

   घ अध्याय 3, अध्याय 4

5. संविधान के भाग XVII में कुल कितने अनुच्छेद है?

   क 6 अनुच्छेद

   ग 7 अनुच्छेद

   ख 8 अनुच्छेद

   घ 9 अनुच्छेद **उत्तर**

6. संसद में संविधान का भाग XVII किस तारीख़ को पारित हुआ ?

Enter Caption

क	14.10.1949	ग	14.08.1949
ख	14.09.1949 **उत्तर**	घ	14.07.1949

7. राजभाषा नीति की जानकारी देने वाले अनुच्छेद 343-351, सविधान के किस भाग में हैं ?

    क   भाग XVII (सत्रहवें भाग में) **उत्तर**   ग   भाग XV (पन्द्रहवें भाग में)

    ख   भाग XVI (सोलहवें भाग में)   घ   भाग XIV (चौदहवें भाग में)

8. भारत की संविधान सभा द्वारा हिंदी को मान्यता दी गयी :

    क   राजभाषा के रूप में **उत्तर**   ग   राष्ट्रभाषा के रूप में

    ख   उत्तर भारत की भाषा के रूप में   घ   मानक भाषा के रूप में

9. भारतीय संविधान के भाग 17 का अध्याय 1 किससे सम्बंधित है ?

    क   संघ की भाषा **उत्तर**   ग   सर्वोच्च न्यायालय, उच्च न्यायालयों आदि की भाषा।

    ख   क्षेत्रीय भाषाएँ   घ   विशेष निर्देश

10. भारतीय संविधान के भाग 17 का अध्याय 1 में किन अनुच्छेदों में राजभाषा सम्बन्धी प्रावधानों का उल्लेख है ?

    क   343 and 344 अनुच्छेदों में **उत्तर**   ग   348 -349 अनुच्छेदों में

    ख   345-347 अनुच्छेदों में   घ   350, 350 क, 350 ख and 351. अनुच्छेदों में

11. भारतीय संविधान के भाग 17 का अध्याय 2 किससे सम्बंधित है ?

    क   संघ की भाषा से सम्बंधित   ग   सर्वोच्च न्यायालय, उच्च न्यायालयों आदि की भाषा से सम्बंधित

    ख   प्रादेशिक भाषाएं से संबंधित   घ   विशेष निर्देश से सम्बंधित

    उत्तर

12. भारतीय संविधान के भाग 17 का अध्याय 2 में किन अनुच्छेदों में राजभाषा सम्बन्धी प्रावधानों का उल्लेख है ?

    क   343 and 344 अनुच्छेदों में

    ख   345-347 अनुच्छेदों में **उत्तर**

    ग   348 -349 अनुच्छेदों में

    घ   350, 350 क, 350 ख और 351 अनुच्छेदों में

13. भारतीय संविधान के भाग 17 का अध्याय 3 किससे सम्बंधित है ?

    क   संघ की भाषा से संबंधित

    ख   क्षेत्रीय भाषाएँ से संबंधित

    ग   सर्वोच्च न्यायालय, उच्च न्यायालयों आदि की भाषा से संबंधित **उत्तर**

    घ   विशेष निर्देश से संबंधित

14. भारतीय संविधान के भाग 17 का अध्याय 3 में किन अनुच्छेदों में राजभाषा सम्बन्धी प्रावधानों का उल्लेख है ?

Enter Caption

क 343 and 344 अनुच्छेदों में
ख 345-347 अनुच्छेदों में
ग 348 -349 अनुच्छेदों में **उत्तर**
घ 350, 350 क, 350 ख और 351 अनुच्छेदों में

15. भारतीय संविधान के भाग 17 का अध्याय 4 किससे सम्बंधित है ?

क संघ की भाषा से संबंधित
ख क्षेत्रीय भाषाएँ से संबंधित
ग सर्वोच्च न्यायालय, उच्च न्यायालयों आदि की भाषा से संबंधित
घ विशेष निर्देश से संबंधित **उत्तर**

16. भारतीय संविधान के भाग 17 का अध्याय 4 में किन अनुच्छेदों में राजभाषा सम्बन्धी प्रावधानों का उल्लेख है ?

क 343 और 344 अनुच्छेदों में
ग 348 -349 अनुच्छेदों में
ख 345-347 अनुच्छेदों में
घ 350, 350 क, 350 ख और 351 अनुच्छेदों में **उत्तर**

17. भारतीय संविधान के कुल कितने भागों में भाषा संबंधी प्रावधान है ?

(NAIR/LDCE/2022/AOM)

क 2
ग 3 **उत्तर**
ख 4
घ 5

18. संविधान के भाग- 17 में संघ की भाषा से संबंधित अध्याय-2 में कितने अनुच्छेदों का उल्लेख है?

(NAIR/LDCE/2022/AOM)

क 5
ग 4
ख 8
घ 3 **उत्तर**

19. भारत संविधान के किस भाग में राजभाषा से संबंधित प्रावधान है?

NAIR/LDCE/2022/AFA)

क भाग XVII *उत्तर*
ग भाग XVIII
ख भाग XX
घ भाग IX

20. राजभाषा से संबंधित अनुच्छेद 343 से अनुच्छेद 351 का उल्लेख संविधान के____ में है?

(NAIR/LDCE/2022/AEE)

क	भाग 15	ग	भाग 17 **उत्तर**
ख	भाग 16	घ	भाग 18

Enter Caption

<u>अनुच्छेद 343- संघ की राजभाषा</u>

1. संघ की राजभाषा हिंदी और लिपि देवनागरी होगी, संघ के शासकीय प्रयोजनों के लिए प्रयोग होने वाले अंकों का रूप भारतीय अंकों का अंतर्राष्ट्रीय रूप होगा।

2. खंड (1) में किसी बात के होते हुए भी, इस संविधान के प्रारंभ से **पंद्रह वर्ष की अवधि तक संघ के उन सभी शासकीय प्रयोजनों के लिए अंग्रेजी भाषा का प्रयोग किया जाता रहेगा** जिनके लिए उसका ऐसे प्रारंभ से ठीक पहले प्रयोग किया जा रहा था : परन्तु राष्ट्रपति उक्त अवधि के दौरान, आदेश द्वारा, संघ के शासकीय प्रयोजनों में से किसी के लिए अंग्रेजी भाषा के अतिरिक्त हिंदी भाषा का और भारतीय अंकों के अंतर्राष्ट्रीय रूप के अतिरिक्त देवनागरी रूप का प्रयोग प्राधिकृत कर सकेगा।

3. इस अनुच्छेद में किसी बात के होते हुए भी, संसद उक्त पन्द्रह वर्ष की अवधि के पश्चात, विधि द्वारा

a. अंग्रेजी भाषा का, या

b. अंकों के देवनागरी रूप का,

ऐसे प्रयोजनों के लिए प्रयोग उपबंधित कर सकेगी जो ऐसी विधि में विनिर्दिष्ट किए जाएं।

-नोट -

1. अनुच्छेद 343 मूलतः संघ की राजभाषा से सम्बंधित है .

2. यही वह *अनुच्छेद* है जिसके अनुसार भारत *की राजभाषा* हिंदी है

3. हम जानते है की हिंदी में यदि अंको को लिखना है तो हम इन्हे
१,२,३,४ ...... के फॉर्म में लिखते है लेकिन संविधान के अनुसार हम
इन अंको का अंतर्राष्ट्रीय रूप ही अर्थात 1,2,3,4..... प्रयोग करेंगे .

अनुच्छेद 343 से सम्बंधित बहुविकल्पीय प्रश्न

1. अनुच्छेद 343 मूलतः किससे सम्बंधित है ?

क **संघ की राजभाषा** <u>उत्तर</u>

ख राजभाषा के संबंध में आयोग और संसद की समिति

ग राज्य की राजभाषा या राजभाषाएं

घ एक राज्य और दूसरे राज्य के बीच या किसी राज्य और संघ के बीच पत्रादि की राजभाषा

2. भारतीय संविधान का अनुच्छेद 343 का क्या कहना है?

क संघ की राजभाषा हिंदी और लिपि देवनागरी होगी

ख संघ के शासकीय प्रयोजनों के लिए प्रयोग होने वाले अंकों का रूप भारतीय अंकों का अंतर्राष्ट्रीय रूप होगा

ग उपरोक्त सभी <u>उत्तर</u>

घ उपरोक्त में से कोई नहीं

Enter Caption

3. संविधान के किस अनुच्छेद के अंतर्गत हिंदी को राजभाषा के रूप में दर्जा प्रदान किया गया है ?

क	अनुच्छेद 343 (i) **उत्तर**	ग	अनुच्छेद 344(i)
ख	अनुच्छेद 344 (i)	घ	अनुच्छेद 347 (i)

4. संविधान के किस अनुच्छेद में कहा गया है कि संघ की राजभाषा हिंदी और लिपि देवनागरी होगी अंको का रूप भारतीय अंको का अंतरराष्ट्रीय रूप होगा

क	अनुच्छेद 343 (i) **उत्तर**	ग	अनुच्छेद 344(i)
ख	अनुच्छेद 344 (i)	घ	अनुच्छेद 347 (i)

5. 15 वर्ष अर्थात 1965 तक अंग्रेजी भाषा का प्रयोग किए जाते रहने की बात संविधान के किस अनुच्छेद में की गई है

क	अनुच्छेद 343 (i)	ग	अनुच्छेद 343(ii) **उत्तर**
ख	अनुच्छेद 344 (i)	घ	अनुच्छेद 347 (i)

6. मूल संविधान के अनुच्छेद 343(2) के अनुसार कितनी कार्यावधि लिए संघ के राजकीय प्रयोजन अंग्रेज़ी का प्रयोग किया जाना सुनिश्चित किया गया है?

(एलडीसीई-२०२२/एडब्लूएम् /प्रश्न आई डी:- 845)

क दस वर्ष तक

ख पंद्रह वर्ष तक **उत्तर**

ग बीस वर्ष तक

घ कोई समय सीमा नही है

7. संघ की राजभाषा हिंदी की लिपि क्या है

(एलडीसीई-२०२२/ एइएन/ प्रश्न आई डी:- 491)

क	देवनागरी **उत्तर**	ग	ब्राह्मी
ख	रोमन	घ	पाली

8. संघ के शासकीय प्रयोजनों के लिए प्रयोग होने वाले अंकों का रूप क्या होगा?

(NAIR/LDCE/2022/AOM)

क	1,2,3,4 **उत्तर**	ग	I,II,III,IV
ख	एक,दो,तीन,चार	घ	१,२ ,३ ,४

9. निम्नलिखित में से कौन सा विकल्प भारत के संविधान के अनुच्छेदों और उन में शामिल विषय के संदर्भ में सही मेल खाता है ? *(NAIR/LDCE/2022/AFA)*

क	संसद में प्रयोग की जाने वाली भाषा :: अनुच्छेद 345	ग	संघ की राजभाषा :: अनुच्छेद 343 **उत्तर**
ख	किसी राज्य के विधानमंडल में प्रयोग की जाने वाली भाषा :: अनुच्छेद 120	घ	किसी राज्य की राजभाषा या भाषा :: अनुच्छेद 210

10. भारत संघ की राजभाषा क्या है? *(NAIR/LDCE/2022/ACM,*

क	ब्राहमी लिपि में हिंदी	ग	देवनागरी लिपि में हिंदी **उत्तर**
ख	सिंधी लिपि में हिंदी	घ	नागरी लिपि में हिंदी

Enter Caption

11. भारत संघ के आधिकारिक उद्देश्यों में अंक के किस रूप का उपयोग किया जाना चाहिए?

(ASTE-2022-NAIR-LDCE)

क	देवनागरी अंक	ग	रोमन अंक
ख	भारतीय अंको का अंतरराष्ट्रीय स्वरूप **उत्तर**	घ	ब्राह्मी अंक

12. भारत के संविधान के अनुच्छेद 343 (1) के अनुसार कौन सी भाषा और लिपि संघ की राजभाषा होगी?

(ASTE-2022-NAIR-LDCE)

क	देवनागरी लिपि में हिंदी **उत्तर**	ग	रोमाजी लिपि में हिंदी
ख	ब्राह्मी लिपि में हिंदी	घ	नागरी लिपि में हिंदी

Enter Caption

<u>अनुच्छेद 344</u>

अनुच्छेद 344. राजभाषा के संबंध में आयोग और संसद की समिति--

1. राष्ट्रपति, इस संविधान के प्रारंभ से पांच वर्ष की समाप्ति पर और तत्पश्चात ऐसे प्रारंभ से दस वर्ष की समाप्ति पर, आदेश द्वारा, **एक आयोग गठित करेगा जो एक अध्यक्ष और आठवीं अनुसूची में विनिर्दिष्ट विभिन्न भाषाओं का प्रतिनिधित्व करने वाले ऐसे अन्य सदस्यों से मिलकर बनेगा जिनको राष्ट्रपति नियुक्त करे** और आदेश में आयोग द्वारा अनुसरण की जाने वाली प्रक्रिया परिनिश्चित की जाएगी।

2. **आयोग का यह कर्तव्य** होगा कि वह राष्ट्रपति को--

    a. संघ के शासकीय प्रयोजनों के लिए हिंदी भाषा के अधिकाधिक प्रयोग,

    b. संघ के सभी या किन्हीं शासकीय प्रयोजनों के लिए अंग्रेजी भाषा के प्रयोग पर निर्बंधनों,

    c. अनुच्छेद 348 में उल्लिखित सभी या किन्हीं प्रयोजनों के लिए प्रयोग की जाने वाली भाषा,

    d. संघ के किसी एक या अधिक विनिर्दिष्ट प्रयोजनों के लिए प्रयोग किए जाने वाले अंकों के रूप,

    e. संघ की राजभाषा तथा संघ और किसी राज्य के बीच या एक राज्य और दूसरे राज्य के बीच पत्रादि की भाषा और उनके प्रयोग के संबंध में राष्ट्रपति द्वारा आयोग को निर्देशित किए गए किसी अन्य विषय, के बारे में सिफारिश करे।

3. खंड (2) के अधीन अपनी सिफारिशें करने में, आयोग भारत की औद्योगिक, सांस्कृतिक और वैज्ञानिक उन्नति का और लोक सेवाओं के संबंध में अहिंदी भाषी क्षेत्रों के व्यक्तियों के न्यायसंगत दावों और हितों का सम्यक ध्यान रखेगा।

4. **एक समिति गठित** की जाएगी जो तीस सदस्यों से मिलकर बनेगी जिनमें से बीस लोक सभा के सदस्य होंगे और दस राज्य सभा के सदस्य होंगे जो क्रमशः लोक सभा के सदस्यों और राज्य सभा के सदस्यों द्वारा आनुपातिक प्रतिनिधित्व पद्धति के अनुसार एकल संक्रमणीय मत द्वारा निर्वाचित होंगे।

5. समिति का यह कर्तव्य होगा कि वह खंड (1)के अधीन गठित **आयोग की सिफारिशों की परीक्षा** करे और राष्ट्रपति को उन पर अपनी राय के बारे में प्रतिवेदन दे।

6. अनुच्छेद 343 में किसी बात के होते हुए भी, राष्ट्रपति खंड (5) में निर्दिष्ट प्रतिवेदन पर विचार करने के पश्चात् उस संपूर्ण प्रतिवेदन के या उसके किसी भाग के अनुसार निदेश दे सकेगा।

Enter Caption

-नोट -

1. *अनुच्छेद* 344 *मूलतः* राजभाषा के संबंध में आयोग और संसद की समिति से *सम्बंधित है*
2. *अनुच्छेद* 344 में कुल 6 खंड है. 344(1) से 344(6) तक
3. आयोग के बारे में विवरण *अनुच्छेद* 344 के खंड 1,2 एवं 3 अर्थात *अनुच्छेद* 344(1), 344(1) एवं 344(3) तक दिया गया *है*
4. संसद की समिति से *सम्बंधित अनुच्छेद* 344 के खंड 4,5 एवं 6 अर्थात *अनुच्छेद* 344(4), 344(5) एवं 344(6) तक दिया गया *है*

अनुच्छेद 344 -राजभाषा आयोग

अनुच्छेद 344 (1)

राष्ट्रपति, इस संविधान के प्रारंभ से पांच वर्ष की समाप्ति पर और तत्पश्चात ऐसे प्रारंभ से दस वर्ष की समाप्ति पर, आदेश द्वारा, एक आयोग गठित करेगा जो एक अध्यक्ष और आठवीं अनुसूची में विनिर्दिष्ट विभिन्न भाषाओं का प्रतिनिधित्व करने वाले ऐसे अन्य सदस्यों से मिलकर बनेगा जिनको राष्ट्रपति नियुक्त करे और आदेश में आयोग द्वारा अनुसरण की जाने वाली प्रक्रिया परिनिश्चित की जाएगी।

अनुच्छेद 344 (2)

आयोग का यह कर्तव्य होगा कि वह राष्ट्रपति को--

a. संघ के शासकीय प्रयोजनों के लिए हिंदी भाषा के अधिकाधिक प्रयोग, संघ के सभी या किन्हीं शासकीय प्रयोजनों के लिए अंग्रेजी भाषा के प्रयोग पर निर्बंधनों,

b. अनुच्छेद 348 में उल्लिखित सभी या किन्हीं प्रयोजनों के लिए प्रयोग की जाने वाली भाषा,

c. संघ के किसी एक या अधिक विनिर्दिष्ट प्रयोजनों के लिए प्रयोग किए जाने वाले अंकों के रूप,

d. संघ की राजभाषा तथा संघ और किसी राज्य के बीच या एक राज्य और दूसरे राज्य के बीच पत्रादि की भाषा और उनके प्रयोग के संबंध में राष्ट्रपति द्वारा आयोग को निर्देशित किए गए किसी अन्य विषय, के बारे में सिफारिश करे।

अनुच्छेद 344 (3)

खंड (2) के अधीन अपनी सिफारिशें करने में, आयोग भारत की औद्योगिक, सांस्कृतिक और वैज्ञानिक उन्नति का और लोक सेवाओं के संबंध में अहिंदी भाषी क्षेत्रों के व्यक्तियों के न्यायसंगत दावों और हितों का सम्यक ध्यान रखेगा।

Enter Caption

<u>अनुच्छेद 344 के अनुसार गठित संसदीय समिति</u>

<u>अनुच्छेद 344 (4)</u>

एक समिति गठित की जाएगी जो तीस सदस्यों से मिलकर बनेगी जिनमें से बीस लोक सभा के सदस्य होंगे और दस राज्य सभा के सदस्य होंगे जो क्रमशः लोक सभा के सदस्यों और राज्य सभा के सदस्यों द्वारा आनुपातिक प्रतिनिधित्व पद्धति के अनुसार एकल संक्रमणीय मत द्वारा निर्वाचित होंगे।

<u>अनुच्छेद 344 (5)</u>

समिति का यह कर्तव्य होगा कि वह खंड (1)के अधीन गठित आयोग की सिफारिशों की परीक्षा करे और राष्ट्रपति को उन पर अपनी राय के बारे में प्रतिवेदन दे।

<u>अनुच्छेद 344 (6)</u>

अनुच्छेद 343 में किसी बात के होते हुए भी, राष्ट्रपति खंड (5) में निर्दिष्ट प्रतिवेदन पर विचार करने के पश्चात् उस संपूर्ण प्रतिवेदन के या उसके किसी भाग के अनुसार निदेश दे सकेगा।

Enter Caption

-नोट –

भारत का संविधान का 26 जनवरी 1950 से प्रारंभ हुआ।	
संविधान के अनुच्छेद 344 (1) के अनुसार राष्ट्रपति को संविधान के प्रारंभ से पांच वर्ष की समाप्ति पर अर्थात 1955 में राजभाषा आयोग गठित करना था।	
7 जून 1955-	राष्ट्रपति ने, आदेश द्वारा, एक राजभाषा आयोग गठित किया। श्री बी.जी. खेर (श्री बाला साहेब गंगाधर खेर) इस पहली राजभाषा आयोग के अध्यक्ष बनाये गए।
31 जुलाई 1956-	पहली राजभाषा आयोग ने को अपना प्रतिवेदन(रिपोर्ट) राष्ट्रपति को प्रस्तुत किया।
संविधान के अनुच्छेद 344 (4) के अनुपालन हेतु राष्ट्रपति द्वारा आयोग की सिफारिशों पर विचार करने हेतु एक समिति का एक संसद की समिति* का गठन करना था।	
1957-	• राष्ट्रपति ने आदेश द्वारा आयोग की सिफारिशों पर विचार करने हेतु राजभाषा समिति का गठन किया । • तत्कालीन गृह मंत्री पंडित गोविन्द वल्लभ पंत को इस समिति का अध्यक्ष बनाया गया। पहली राजभाषा समिति इसमें कुल तीस सदस्य (लोक सभा से 20 व राज्य सभा से 10) थे। • 344 (4) के अनुसार समिति का कार्य था- आयोग की रिपोर्ट की जांच करना तथा उस पर विचार करके अपनी रिपोर्ट राष्ट्रपति को प्रस्तुत करना ।
08 फरवरी, 1959	समिति ने आयोग की रिपोर्ट के सभी पहलुओं का अध्ययन किया तथा 08 फरवरी, 1959 को अपनी रिपोर्ट राष्ट्रपति महोदय को दे दी।
1959	राजभाषा समिति (1957)की रिपोर्ट पर 2 सितंबर से 4 सितंबर, 1959 तक लोक सभा में और 8 तथा 9 सितंबर, 1959 को राज्य सभा में बहस हुई। प्रधान मंत्री जी ने 4 सितंबर, 1959 को लोक सभा में एक वक्तव्य दिया।
1960	उसके पश्चात राष्ट्रपति जी ने अपना एक आदेश राष्ट्रपति आदेश 1960 जारी किया जारी किया गया।
राजभाषा समिति (1957) की सिफारिशें • 26 जनवरी, 1965 के पश्चात अँग्रेजी का प्रयोग "सहराजभाषा" के रूप में जारी रहना चाहिए । • यधपि संघ के शासकीय प्रयोजनों के लिए भारतीय भाषाओं का प्रयोग	

Enter Caption

व्यावहारिक आवश्यकता बन गई थी तथापि अँग्रेजी से हिन्दी में यह भाषाई परिवर्तन सहजता से धीरे-धीरे होना चाहिए और इस उद्देश्य को दृष्टिगत रखते हुए समिति ने संविधान के अनुच्छेद 351 के उपबंधों को पर्याप्त महत्व दिया, जिनमे व्यवस्था है कि हिन्दी का विकास इस प्रकार किया जाए कि वह भारत की मिली-जुली संस्कृति के समस्त तत्वों की अभिव्यक्ति का माध्यम बन सके और इस बात के लिए पूरा प्रोत्साहन दिया जाना चाहिए कि सरल और सुबोध शब्द प्रयोग में लाए जाएं।

- समिति ने सुझाव दिया कि अखिल भारतीय सेवाओं और उच्चतर केन्द्रीय सेवाओं में भर्ती के लिए परीक्षा माध्यम के रूप में अँग्रेजी का प्रयोग जारी रहना चाहिए और हिन्दी को कुछ समय बाद वैकल्पिक माध्यम के रूप में शामिल किया जाना चाहिए।

- आयोग तथा समिति दोनों का ही विचार था कि 1965 तक हिंदी को राजभाषा के रूप में लागू कर पाना व्यावहारिक नहीं है, इसलिए उक्त अवधि के बाद भी अंग्रेजी का प्रयोग जारी रहना चाहिए ।

- राजभाषा संसदीय समिति 1957 का गठन संविधान के अनुच्छेद 344 (4) के अनुसार किया गया जिसका उद्देश्य राजभाषा आयोग की सिफारिशों पर विचार करने के बाद राष्ट्रपति को अपनी रिपोर्ट प्रस्तुत करने करना था ।

- एक और   राज्य भाषा संसदीय समिति का गठन 1976 में किया गया लेकिन यह इसका गठन राजभाषा अधिनियम 1963 की धारा 4 के अनुपालन हेतु था और इसका कार्य था संघ के राजकीय प्रयोजनों के लिए हिन्दी के प्रयोग में की गई प्रगति का पुनर्विलोकन करें और उस पर सिफारिशें करते हुए राष्ट्रपति को प्रतिवेदन करें और राष्ट्रपति उस प्रतिवेदन को संसद् के हर एक सदन के समक्ष रखवाएगा और सभी राज्य सरकारों को भिजवाएगा । इसके बारे में पूरा विवरण, <u>राजभाषा अधिनियम 1963 और राजभाषा संबंधी समितियों</u> वाले अध्याय में दिया गया है ।

Enter Caption

अनुच्छेद 345 - किसी राज्य की राजभाषा या भाषा

अनुच्छेद 346 और 347 के प्रावधानों के अधीन, एक **राज्य का विधानमंडल कानून द्वारा राज्य में उपयोग में आने वाली किसी एक या अधिक भाषाओं को या हिंदी को उस भाषा या भाषा के रूप में अपना सकता है** जिसका उपयोग सभी या किसी भी आधिकारिक उद्देश्यों के लिए किया जाना है। वह राज्य: बशर्ते कि, जब तक राज्य का विधानमंडल कानून द्वारा अन्यथा प्रदान नहीं करता है, तब तक अंग्रेजी भाषा का उपयोग राज्य के भीतर उन आधिकारिक उद्देश्यों के लिए किया जाता रहेगा, जिसके लिए इस संविधान के प्रारंभ से ठीक पहले इसका उपयोग किया जा रहा था।

अनुच्छेद 345 से सम्बंधित बहुविकल्पीय प्रश्न

1. अनुच्छेद 345 मूलतः किससे सम्बंधित है?

   क   **संघ की राजभाषा**

   ख   राजभाषा के संबंध में आयोग और संसद की समिति

   ग   राज्य की राजभाषा या राजभाषाएं **उत्तर**

   घ   एक राज्य और दूसरे राज्य के बीच या किसी राज्य और संघ के बीच पत्रादि की राजभाषा

Enter Caption

अनुच्छेद 346- एक राज्य और दूसरे राज्य के बीच या किसी राज्य और संघ के बीच पत्रादि की राजभाषा--

संघ में शासकीय प्रयोजनों के लिए प्रयोग किए जाने के लिए तत्समय प्राधिकृत भाषा, एक राज्य और दूसरे राज्य के बीच तथा किसी राज्य और संघ के बीच पत्रादि की राजभाषा होगी :परंतु यदि दो या अधिक राज्य यह करार करते हैं कि उन राज्यों के बीच पत्रादि की राजभाषा हिंदी भाषा होगी तो ऐसे पत्रादि के लिए उस भाषा का प्रयोग किया जा सकेगा।

अनुच्छेद 346 से सम्बंधित बहुविकल्पीय प्रश्न

1. एक राज्य और दूसरे राज्य के बीच होने वाले पत्र व्यवहार का उल्लेख संविधान के किस अनुच्छेद में है?

   क   अनुच्छेद 343   ग   अनुच्छेद 345

   ख   अनुच्छेद 346 **उत्तर**   घ   अनुच्छेद 347

Enter Caption

<u>अनुच्छेद 347- किसी राज्य की जनसंख्या के किसी भाग द्वारा बोली जाने वाली भाषा के संबंध में विशेष उपबंध</u>

यदि इस निमित्त मांग किए जाने पर राष्ट्रपति का यह समाधान हो जाता है कि किसी राज्य की जनसंख्या का पर्याप्त भाग यह चाहता है कि उसके द्वारा बोली जाने वाली भाषा को राज्य द्वारा मान्यता दी जाए तो वह निदेश दे सकेगा कि ऐसी भाषा को भी उस राज्य में सर्वत्र या उसके किसी भाग में ऐसे प्रयोजन के लिए, जो वह विनिर्दिष्ट करे, शासकीय मान्यता दी जाए।

अनुच्छेद 347 से सम्बंधित बहुविकल्पीय प्रश्न

1. किसी राज्य द्वारा राज्य की दूसरी भाषा घोषित करने का उपबंध संविधान के किस अनुच्छेद में है?

क	अनुच्छेद 343 में	ग	अनुच्छेद 345 में
ख	अनुच्छेद 344 में	घ	अनुच्छेद 347 में **उत्तर**

Enter Caption

<u>अनुच्छेद 348: उच्चतम न्यायालय और उच्च न्यायालयों में और अधिनियमों, विधेयकों आदि के लिए प्रयोग की जाने वाली भाषा</u>

(1) इस भाग के पूर्वगामी उपबंधों में किसी बात के होते हुए भी, जब तक संसद विधि द्वारा अन्यथा उपबंध न   करे तब तक -

(क) उच्चतम न्यायालय और प्रत्येक उच्च न्यायालय में सभी कार्यवाहियां अंग्रेजी भाषा में होंगी,

(ख) (i) संसद् के प्रत्येक सदन या किसी राज्य के विधान-मंडल के सदन या प्रत्येक सदन में पुरःस्थापित किए जाने वाले सभी विधेयकों या प्रस्तावित किए जाने वाले उनके संशोधनों के,

(ii) संसद् या किसी राज्य के विधान-मंडल द्वारा पारित सभी अधिनियमों के और राष्ट्रपति या किसी राज्य के राज्यपाल द्वारा प्रख्यापित सभी अध्यादेशों के, और

(iii) इस संविधान के अधीन अथवा संसद् या किसी राज्य के विधान-मंडल द्वारा बनाई गई किसी विधि के अधीन निकाले गए या बनाए गए सभी आदेशों, नियमों, विनियमों और उपविधियों के, प्राधिकृत पाठ अंग्रेजी भाषा में होंगे।

(2) खंड (1) के उपखंड (क) में किसी बात के होते हुए भी, किसी राज्य का राज्यपाल राष्ट्रपति की पूर्व सहमति से उस उच्च न्यायालय की कार्यवाहियों में, जिसका मुख्य स्थान उस राज्य में है, हिन्दी भाषा का या उस राज्य के शासकीय प्रयोजनों के लिए प्रयोग होने वाली किसी अन्य भाषा का प्रयोग प्राधिकृत कर सकेगा;

परन्तु इस खंड की कोई बात ऐसे उच्च न्यायालय द्वारा दिए गए किसी निर्णय, डिक्री या आदेश को लागू नहीं होगी।

(3) खंड (1) के उपखंड (ख) में किसी बात के होते हुए भी, जहां किसी राज्य के विधान-मंडल ने, उस विधान-मंडल में पुरःस्थापित विधेयकों में या उसके द्वारा पारित अधिनियमों में अथवा उस राज्य के राज्यपाल द्वारा प्रख्याति अध्यादेशों में अथवा उस उपखंड के पैरा (iii) में निर्दिष्ट किसी आदेश, नियम, विनियम या उपविधि में प्रयोग के लिए अंग्रेजी भाषा से भिन्न कोई भाषा विहित की है वहां उस राज्य के राजपत्र में उस राज्य के राज्यपालके प्राधिकार से प्रकाशित अंग्रेजी भाषा में उसका अनुवाद इस अनुच्छेद के अधीन उसका अंग्रेजी भाषा में प्राधिकृत पाठ समझा जाएगा।

-नोट --

अनुच्छेद 348 मूलतः निम्न कार्यों में प्रयोग की जाने वाली भाषा से सम्बंधित है

1. उच्चतम न्यायालय और उच्च न्यायालयों में और
2. अधिनियमों, विधेयकों आदि के लिए
3. इस में यह बताया गया है की किस प्रकार किसी भाषा को राज्य के काम काज की भाषा अर्थात राजभाषा हेतु निर्धारित   किया जायेगा
4. उच्चतम न्यायालय और प्रत्येक उच्च न्यायालय में सभी कार्यवाहियां अंग्रेजी भाषा में होंगी निम्न कार्यों में प्राधिकृत पाठ अंग्रेजी भाषा में होंगे।

Enter Caption

i. राष्ट्रपति द्वारा प्रख्यापित सभी अध्यादेशों के

ii. संसद् के सभी विधेयकों या प्रस्तावित किए जाने वाले उनके संशोधनों के

iii. संसद् द्वारा पारित सभी अधिनियमों के

iv. किसी राज्य के विधान-मंडल के वाले सभी विधेयकों या प्रस्तावित किए जाने वाले उनके संशोधनों के

v. किसी राज्य के विधान-मंडल द्वारा पारित सभी अधिनियमों के

vi. किसी राज्य के राज्यपाल द्वारा प्रख्यापित सभी अध्यादेशों के

अनुच्छेद 348 से सम्बंधित बहुविकल्पीय प्रश्न

1. उच्च न्यायालय और उच्चतम न्यायालय की भाषा का उपबंध संविधान के किस अनुच्छेद में है

   क   अनुच्छेद 343 में   ग   अनुच्छेद 345 में

   ख   अनुच्छेद 344 में   घ   अनुच्छेद 348 में **उत्तर**

2. संविधान के अनुच्छेद 348 के अनुसार उच्चतम न्यायालय एवं उच्च न्यायालयों में सभी कार्यवाही किस भाषा में होगी ?

   क   हिन्दी या अंग्रेजी में   ग   केवल हिन्दी में

   ख   हिन्दी और अंग्रेजी दोनों में   घ   केवल अंग्रेजी में **उत्तर**

Enter Caption

<u>अनुच्छेद 349: भाषा से संबंधित कुछ विधियां अधिनियमित करने के लिए विशेष प्रक्रिया-</u>

इस संविधान के प्रारंभ से पंद्रह वर्ष की अवधि के दौरान, अनुच्छेद 348 के खंड (1) में उल्लिखित किसी प्रयोजन के लिए प्रयोग की जाने वाली भाषा के लिए उपबंध करने वाला कोई विधेयक या संशोधन संसद के किसी सदन में राष्ट्रपति की पूर्व मंजूरी के बिना पुरःस्थापित या प्रस्तावित नहीं किया जाएगा और राष्ट्रपति किसी ऐसे विधेयक को पुरःस्थापित या किसी ऐसे संशोधन को प्रस्तावित किए जाने की मंजूरी अनुच्छेद 344 के खंड (1) के अधीन गठित आयोग की सिफारिशों पर और उस अनुच्छेद के खंड (4) के अधीन गठित समिति के प्रतिवेदन पर विचार करने के पश्चात् ही देगा, अन्यथा नहीं।

अनुच्छेद 349 से सम्बंधित बहुविकल्पीय प्रश्न

1. राजभाषा संबंधी कोई भी विधेयक राष्ट्रपति की पूर्व मंजूरी के बिना पेश नहीं किया जा सकता और राष्ट्रपति भी आयोग की सिफारिशों पर विचार करने के बाद ही मंजूरी दे सकेगा संविधान के किस अनुच्छेद में इस बात का उल्लेख है?

   क अनुच्छेद 349 में उत्तर   ग राष्ट्रपति

   ख अनुच्छेद 344 में   घ अनुच्छेद 348 में

Enter Caption

<u>अनुच्छेद 350-</u> व्यथा के निवारण के लिए अभ्यावेदन में प्रयोग की जाने वाली भाषा

प्रत्येक व्यक्ति किसी व्यथा के निवारण के लिए संघ या राज्य के किसी अधिकारी या प्राधिकारी को, यथास्थिति, संघ में या राज्य में प्रयोग होने वाली किसी भाषा में अभ्यावेदन देने का हकदार होगा।

<u>अनुच्छेद 350 क. प्राथमिक स्तर पर मातृभाषा में शिक्षा की सुविधाएं--</u>

प्रत्येक राज्य और राज्य के भीतर प्रत्येक स्थानीय प्राधिकारी भाषाई अल्पसंख्यक-वर्गों के बालकों को शिक्षा के प्राथमिक स्तर पर मातृभाषा में शिक्षा की पर्याप्त सुविधाओं की व्यवस्था करने का प्रयास करेगा और राष्ट्रपति किसी राज्य को ऐसे निदेश दे सकेगा जो वह ऐसी सुविधाओं का उपबंध सुनिश्चित कराने के लिए आवश्यक या उचित समझता है।

<u>*अनुच्छेद 350 ख. भाषाई अल्पसंख्यक-वर्गों के लिए विशेष अधिकारी--*</u>

भाषाई अल्पसंख्यक-वर्गों के लिए एक विशेष अधिकारी होगा जिसे राष्ट्रपति नियुक्त करेगा।

विशेष अधिकारी का यह कर्तव्य होगा कि वह इस संविधान के अधीन भाषाई अल्पसंख्यक-वर्गों के लिए उपबंधित रक्षोपायों से संबंधित सभी विषयों का अन्वेषण करे और उन विषयों के संबंध में ऐसे अंतरालों पर जो राष्ट्रपति निर्दिष्ट करे, राष्ट्रपति को प्रतिवेदन दे और राष्ट्रपति ऐसे सभी प्रतिवेदनों को संसद् के प्रत्येक सदन के समक्ष रखवाएगा और संबंधित राज्यों की सरकारों को भिजवाएगा।

अनुच्छेद 350, 350 क और 350 ख से सम्बंधित बहुविकल्पीय प्रश्न

1. भाषाई अल्पसंख्यक वर्गों के लिए प्राथमिक स्तर पर मातृभाषा में शिक्षा की सुविधाएं उपलब्ध कराई जाएं इस बात का उल्लेख विधान के किस अनुच्छेद में इस बात का उल्लेख है?

   क अनुच्छेद 349   ग अनुच्छेद 351

   ख अनुच्छेद 350 क **उत्तर**   घ अनुच्छेद 350 ख

2. किसी व्यथा के निवारण के लिए यदि कोई व्यक्ति अपना अप्लीकेशन देना चाहता है तो वह किस भाषा में होना चाहिए देवल अंग्रेजी में या

   क हिंदी में केवल   ग अंग्रेजी में

   ख केवल हिंदी या अंग्रेजी में घ संघ या राज्य में प्रयोग होने वाली किसी भाषामें

3. भाषा प्रयोग के अनुसार से जो अल्पसंख्यक वर्ग होते हैं उनका उनके लिए विशेष अधिकारी की नियुक्ति की जाती है इन इस इन अधिकारी को इस अधिकारी को कौन नियुक्त करता है?

   क गृह मंत्री   ग राष्ट्रपति

   ख सलाहकार समिति   घ संसदीय राजभाषा समिति

Enter Caption

<u>अनुच्छेद 351- हिंदी भाषा के विकास के लिए निदेश--</u>

संघ का यह कर्तव्य होगा कि वह हिंदी भाषा का प्रसार बढ़ाए, उसका विकास करे जिससे वह भारत की सामासिक संस्कृति के सभी तत्वों की अभिव्यक्ति का माध्यम बन सके और उसकी प्रकृति में हस्तक्षेप किए बिना हिंदुस्थानी में और आठवीं अनुसूची में विनिर्दिष्ट भारत की अन्य भाषाओं में प्रयुक्त रूप, शैली और पदों को आत्मसात करते हुए और जहां आवश्यक या वांछनीय हो वहां उसके शब्द-भंडार के लिए मुख्यतः संस्कृत से और गौणतः अन्य भाषाओं से शब्द ग्रहण करते हुए उसकी समृद्धि सुनिश्चित करे।

<u>अनुच्छेद 351 से सम्बंधित बहुविकल्पीय प्रश्न</u>

1. किस अनुच्छेद में कहा गया है कि संघ का यह कर्तव्य होगा की वह हिन्दी भाषा का प्रसार बढ़ाए?

   क   अनुच्छेद 349   ग   अनुच्छेद 350

   ख   अनुच्छेद 351 <u>उत्तर</u>   घ   अनुच्छेद 348

2. संविधान के किस अनुच्छेद में यह कहा गया है कि हिंदी का इस प्रकार विकास किया जाये कि वह भारत की कंपोजिट करके की अभिव्यक्ति का माध्यम बन सके ?

   (एलडीसीई-२०२२/ एइएन प्रश्न आई डी:- 496)

   क अनुच्छेद 356 में

   ख अनुच्छेद 355 में

   ग अनुच्छेद 353 में

   घ अनुच्छेद 351 में <u>उत्तर</u>

3. हिंदी भाषा के विकास के लिए निर्देश भारत के संविधान के अनुच्छेद, में निर्दिष्ट किए गए है?   *(NAIR/LDCE/2022/AFA)*

   क   अनुच्छेद 350   ग   अनुच्छेद 351 <u>उत्तर</u>

   ख   अनुच्छेद 349   घ   अनुच्छेद 348

4. हिंदी भाषा के विकास के लिए निदेश किस अनुच्छेद में दिए हैं?

   (NAIR/LDCE/2022/ACM)

   क   343   ग   351 *उत्तर*

   ख   349   घ   345

Enter Caption

<u>आठवीं अनुसूची</u>

- <u>भारतीय संविधान</u> की आठवीं अनुसूची भारत की भाषाओं से संबंधित है।
- इस अनुसूची में 22 भारतीय भाषाओं को शामिल किया गया है ।
- प्रारम्भ में 14 भाषाओ को संविधानिक मान्यता दी गई थी बाद में इसमें निम्नलिखित भाषाओं जोड़ा गया।
  1. 21 वाँ संविधान संशोधन से 1967 में सिन्धी भाषा को जोड़ा गया।
  2. 71वाँ संविधान संशोधन से 1992. में <u>कोंकणी भाषा</u>, <u>मणिपुरी भाषा</u>, और <u>नेपाली भाषा</u> को जोड़ा गया।
  3. 92वाँ संविधान संशोधन से 2003 में <u>बोडो भाषा</u>, <u>डोगरी भाषा</u>, <u>मैथिली भाषा</u>, और <u>संथाली भाषा</u> को जोड़ा गया।

प्रारम्भ में निम्नलिखित 14 भाषाओ को संविधानिक मान्यता दी गई थी	निम्नलिखितभाषा को 21 वाँ संविधान संशोधन अधिनियम से जोड़ा गया (1967)	निम्नलिखितभाषा को 71 वाँ संविधान संशोधन अधिनियम से जोड़ा गया (1971)	निम्नलिखितभाषा को 92 वाँ संविधान संशोधन अधिनियम से जोड़ा गया (2003)
1 कश्मीरी भाषा 2 पंजाबी भाषा 3 हिन्दी भाषा 4 बंगाली भाषा 5 असमिया भाषा 6 ओड़िया भाषा 7 गुजराती भाषा 8 मराठी भाषा 9 कन्नड़ भाषा 10 तेलगु भाषा 11 तमिल भाषा 12 मलयालम भाषा 13 उर्दू भाषा 14 संस्कृत भाषा	15 सिन्धी भाषा	16 नेपाली भाषा 17 मणिपुरी भाषा 18 कोंकणी भाषा	19 बोडो भाषा 20 डोगरी भाषा 21 मैथिली भाषा 22 संथाली भाषा

Enter Caption

<u>आठवीं अनुसूची से सम्बंधित बहुविकल्पीय प्रश्न</u>

1. संविधान की कौन - सी अनुसूची में क्षेत्रीय भाषाओं का उल्लेख है ?

   क दसवीं अनुसूची   ग .नौवीं अनुसूची

   ख आठवीं अनुसूची **उत्तर**   घ सातवीं अनुसूची

2. संविधान की आठवीं अनुसूची में सम्मिलित भाषाओं की संख्या कितनी है ?

   क 20   ग 21

   ख 23   घ 22 **उत्तर**

3. निम्नलिखित में कौन - सी भाषा संविधान की 8वीं अनुसूची में नहीं है ?

   क बांग्ला   ग अंग्रेजी **उत्तर**

   ख मराठी   घ तेलुगू

4. सिंधी को किस संवैधानिक संशोधन द्वारा संविधान की 8 वीं अनुसूची में शामिल किया गया ?

   क 21वें **उत्तर**   ग 61वें

   ख 31वें   घ 71वें

5. कौन - सी भाषा हमारे संविधान की आठवीं अनुसूची में सम्मिलित नहीं है ?

   क राजस्थानी **उत्तर**   ग उर्दू

   ख मराठी   घ तेलुगू

6. किस संवैधानिक संशोधन के द्वारा संविधान भारतीय संविधान की 8वीं अनुसूची में बोडो, डोगरी, संथाली और मैथिली भाषाओं का समावेश किया गया ?

   क 21वें   ग 92वें **उत्तर**

   ख 31वें   घ 71वें

7. भारत के किस राज्य में उर्दू को प्रथम राजभाषा का दर्जा प्रदान किया गया है ?

   क जम्मू-कश्मीर **उत्तर**   ग हिमाचल प्रदेश

   ख बिहार   घ असम

8. निम्नलिखित में कौन - सी भाषा संविधान की मूल 8वीं अनुसूची में शामिल नहीं थी लेकिन उसे संवैधानिक संशोधन के द्वारा 8वीं अनुसूची में जोड़ा गया है ?

   क उर्दू   ग सिंधी **उत्तर**

   ख संस्कृत भाषा   घ कश्मीरी

9. निम्न से कौन सी भाषा संविधान की आठवी अनुसूची में सम्मिलित नही है ?

   एलडीसीई-२०२२/एडब्लूएम् प्रश्न आई डी:– 836

   क मलयालम   ग भोजपुरी **उत्तर**

   ख मैथिली   घ तेलुगु

10 संविधान की आठवी अनुसूची में कितनी भाषाए सम्मिलित है ?

   एलडीसीई-२०२२/एडब्लूएम् प्रश्न आई डी:– 839

   क 25   ग 21

Enter Caption

ख	22 **उत्तर**	घ	24

11. निम्न से कौन सी भाषा संविधान की आठवी अनुसूची में सम्मिलित नही है ?

एलडीसीई-२०२२/ एइएन /प्रश्न आई डी:- 483

क	उर्दू	ग	संथाली
ख	कोंकणी	घ	राजस्थानी **उत्तर**

12. संविधान की आठवी अनुसूची में *कितनी भाषाए* सम्मिलित है?

एलडीसीई-२०२२/ एइएन/ प्रश्न आई डी:- 492

क	18	ग	22 **उत्तर**
ख	23	घ	24

12. मूल आठवीं अनुसूची में भारतीय संविधान की कुल कितने भाषाएं सम्मिलित थी

क	18	ग	22
ख	16	घ	14 **उत्तर**

13. निम्नलिखित में से आठवीं अनुसूची में संशोधन संबंधित विवरण असत्य है?

क 21 वाँ संविधान संशोधन से 1967 में सिन्धी भाषा को जोड़ा गया।

ख 71वाँ संविधान संशोधन से 1992. में कोंकणी , मणिपुरी , और नेपाली भाषा को जोड़ा गया।

ग 92वाँ संविधान संशोधन से 2003 में बोड़ो , डोगरी , मैथिली , और संथाली भाषा को जोड़ा गया।

घ   उपरोक्त सभी सत्य हैं **उत्तर**

14. आरंभिक तौर से संविधान की आठवीं अनसची में कितनी भाषाएं शामिल थीं?

(NAIR/LDCE/2022/ACM)

क	19	ग	14 **उत्तर**
ख	22	घ	18

15. संविधान की अष्टम अनुसूची में कितनी भाषाएँ शामिल है ? *(NAIR/LDCE/2022/ACM)*

क	19	ग	21
ख	20	घ	22 **उत्तर**

16. आठवीं अनुसूची में कौन सी विदेशी भाषा को शामिल किया गया है ?

(NAIR/LDCE/2022/AEE)

क अरबी

ख चीनी

ग नेपाली **उत्तर**

घ फारसी

Enter Caption

• 33 •

3

राष्ट्रपति का आदेश 1960

राष्ट्रपति के आदेश, 1960

- लोकसभा के 20 सदस्यों और राज्यसभा के 10 सदस्यों की एक समिति प्रथम-राजभाषा आयोग की सिफारिशों पर विचार करने लिए और उनके विषय में अपनी राय राष्ट्रपति के समक्ष पेश करने के लिए संविधान के अनुच्छेद 344 केखंड (4) के उपबंधों के अनुसार नियुक्त की गई थी।

- समिति ने अपनी रिपोर्ट राष्ट्रपति के समक्ष 8 फरवरी, 1959 को पेश कर दी।

- रिपोर्ट की प्रतियां संसद के दोनों सदनों के पटल पर 1959 के अप्रैल मास में रख दी गई थीं और रिपोर्ट पर विचार-विमर्श लोक सभा में 2 सितम्बर से 4 सितम्बर, 1959तक और राज्य सभा में 8 और 9 सितम्बर, 1959 को हुआ था। लोक सभा में इस पर विचार-विमर्श के समय प्रधानमंत्री ने 4 सितम्बर, 1959 को एक भाषण दिया था।

- राजभाषा के प्रश्न पर सरकार का जो दृष्टिकोण है उसे उन्होंने अपने इस भाषण में मोटे तौर पर व्यक्त कर दिया था।अनुच्छेद 344 के खंड (6) द्वारा दी गई शक्तियों का प्रयोग करते हुए राष्ट्रपति ने समिति की रिपोर्ट पर विचार किया है और राजभाषा आयोग की सिफारिशों पर समिति द्वारा अभिव्यक्त राय को ध्यान में रखकर, इसके बाद निदेश जारी किए ।

	शब्दावली तैयार करने में मुख्य लक्ष्य उसकी स्पष्टता, यथार्थता और सरलता होनी चाहिए;
	अन्तर्राष्ट्रीय शब्दावली अपनाई जाए, या जहां भी आवश्यक हो, अनुकूलन कर लिया जाए;
	सब भारतीय भाषाओं के लिए शब्दावली का विकास करते समय लक्ष्य यह होना चाहिए कि उसमें जहां तक हो सके अधिकतम एकरूपता हो; और
शब्दावली	हिन्दी और अन्य भारतीय भाषाओं की शब्दावली के विकास के लिए जो प्रयत्न केन्द्र और राज्यों में हो रहे हैं उनमें समन्वय स्थापित करने के लिए समुचित प्रबन्ध किए जाने चाहिए। इसके अतिरिक्त समिति का यह मत है कि विज्ञान और प्रौद्योगिकी के क्षेत्र में सब भारतीय भाषाओं में जहां तक हो सके एकरूपता होनी चाहिए और शब्दावली लगभग अंग्रेजी या अन्तर्राष्ट्रीय शब्दावली जैसी होनी चाहिए। इस दृष्टि से समिति ने यह सुझाव दिया है कि वे इस क्षेत्र में विभिन्न संस्थाओं द्वारा किए गए काम में समन्वय स्थापित करने और उसकी देखरेख के लिए और सब भारतीय भाषाओं को प्रयोग में लाने की दृष्टि से एक प्रामाणिक शब्दकोश निकालने के लिए ऐसा स्थाई आयोग कायम किया जाए जिसके सदस्य मुख्यतः वैज्ञानिक और प्रौद्योगिकीविद् हों।
	शिक्षा मंत्रालय निम्नलिखित विषय में कार्रवाई करें --

Enter Caption

	अब तक किए गए काम पर पुनर्विचार और समिति द्वारा स्वीकृत सामान्य सिद्धान्तों के अनुकूल शब्दावली का विकास / विज्ञान और प्रौद्योगिकी के क्षेत्र में वे शब्द,जिनका प्रयोग अन्तर्राष्ट्रीय क्षेत्र में होता है, कम से कम परिवर्तन के साथ अपना लिए जाएं, अर्थात मूल शब्द वे होने चाहिए जो कि आजकल अन्तर्राष्ट्रीय शब्दावली में काम आते हैं। उनसे ब्युत्पन्न शब्दों का जहां भी आवश्यक हो भारतीयकरण किया जा सकता है:
	शब्दावली तैयार करने के काम में समन्वय स्थापित करने के लिए प्रबन्ध करने के विषय में सुझाव देना, और
	विज्ञान और तकनीकी शब्दावली के विकास के लिए - स्थाई आयोग का निर्माण।
- प्रशासनिक संहिताओं और अन्य कार्य-विधि साहित्य का अनुवाद	इस आवश्यकता को दृष्टि में रखकर कि संहिताओं और अन्य कार्यविधि साहित्य के अनुवाद में प्रयुक्त भाषा में किसी हद तक एकरूपता होनी चाहिए, समिति ने आयोग की यह सिफारिश मान ली है कि सारा काम एक अभिकरण को सौंप दिया जाए।
	<ul><li>शिक्षा मंत्रालय सांविधिक नियमों, विनियम और आदेशों के अलावा बाकी सब संहिताओं और अन्य कार्यविधि साहित्य का अनुवाद करे।</li><li>सांविधिक नियमों, विनियमों और आदेशों का अनुवाद संविधियों के अनुवाद के साथ घनिष्ठ रूप से सम्बद्ध है, इसलिए यह काम **विधि मंत्रालय** करे।</li><li>इस बात का पूरा प्रयत्न होना चाहिए कि सब भारतीय भाषाओं में इन अनुवादों को शब्दावली में जहां तक हो सके एकरूपता रखी जाए।</li></ul>
प्रशासनिक कर्मचारी वर्ग को हिन्दी का प्रशिक्षण--	<ul><li>**समिति द्वारा अभिव्यक्त मत के अनुसार 45 वर्ष से कम आयु वाले सब केन्द्रीय कर्मचारियों के लिए सेवा कालीन हिन्दी प्रशिक्षण प्राप्त करना अनिवार्य कर दिया जाना चाहिए।**</li><li>तृतीय श्रेणी के ग्रेड से नीचे के कर्मचारियों और औद्योगिक संस्थाएं और कार्य प्रभारित कर्मचारियों के संबंध में यह बात लागू न होगी।</li><li>इस योजना के अन्तर्गत नियत तारीख तक विहित योग्यता प्राप्त कर सकने के लिए कर्मचारी को कोई दंड नहीं किया जाना चाहिए</li><li>। हिन्दी भाषा की पढ़ाई के लिए सुविधाएं प्रशिक्षार्थियों को मुफ्त मिलती रहनी चाहिए।</li></ul>
	गृह मंत्रालय उन टाइपकारों और आशुलिपिकों का हिन्दी टाइपराइटिंग और आशुलिपि प्रशिक्षण देने के लिए आवश्यक प्रबन्ध करे जो केन्द्रीय सरकार की

श्वेता मिश्रा

Enter Caption

	नौकरी में हैं।
	शिक्षा मंत्रालय हिन्दी टाइपराइटरों के मानक की-बोर्ड (कुंजीपटल) के विकास के लिए शीघ्र कदम उठाए।
हिन्दी प्रचार	<ul><li>आयोग की इस सिफारिश से कि यह काम करने की जिम्मेदारी अब सरकार उठाए, समिति सहमत हो गई है।</li><li>जिन क्षेत्रों में प्रभावी रूप से काम करने वाली गैर सरकारी संस्थाएं पहले से ही विद्यमान हैं उनमें उन संस्थाओं को वित्तीय और अन्य प्रकार की सहायता दी जाए और जहां ऐसी संस्थाएं नहीं हैं वहां सरकार आवश्यक संगठन कायम करे।</li><li>शिक्षा मंत्रालय इस बात की समीक्षा करे कि हिन्दी प्रचार के लिए जो वर्तमान व्यवस्था है वह कैसी चल रही है। साथ ही वह समिति द्वारा सुझाई गई दिशाओं में आगे कार्रवाई करे।</li></ul>
	शिक्षा मंत्रालय और वैज्ञानिक अनुसंधान और सांस्कृतिक कार्य मंत्रालय परस्पर मिलकर भारतीय भाषा, विज्ञान भाषा-शास्त्र और साहित्य सम्बन्धी अध्ययन और अनुसंधान को प्रोत्साहन देने के लिए समिति द्वारा सुझाए गए तरीके से आवश्यक कार्रवाई करें और विभिन्न भारतीय भाषाओं को परस्पर निकट लाने के लिए अनुच्छेद 351 में दिए गए निदेश के अनुसार हिन्दी का विकास करने के लिए आवश्यक योजना तैयार करें।
केन्द्रीय सरकारी विभाग के स्थानीय कार्यालयों के लिए भर्ती	<ul><li>समिति की राय है कि केन्द्रीय सरकारी विभागों के स्थानीय कार्यालय अपने आन्तरिक कामकाज के लिए हिन्दी का प्रयोग करें और जनता के साथ पत्र-व्यवहार में उन प्रदेशों की प्रादेशिक भाषाओं का प्रयोग करें।</li><li>अपने स्थानीय कार्यालयों में अंग्रेजी के अतिरिक्त हिन्दी का उत्तरोत्तर अधिक प्रयोग करने के वास्ते योजना तैयार करने में केन्द्रीय सरकारी विभाग इस आवश्यकता को ध्यान में रखें कि यथासंभव अधिक से अधिक मात्रा में प्रादेशिक भाषाओं में फार्म और विभागीय साहित्य उपलब्ध करा कर वहां की जनता को पूरी सुविधाएं प्रदान की जानी चाहिए।</li></ul>
	<ul><li>समिति की राय है कि केन्द्रीय सरकार के प्रशासनिक अभिकरणों और विभागों में कर्मचारियों की वर्तमान व्यवस्था पर पुनर्विचार किया जाए, कर्मचारियों का प्रादेशिक आधार पर विकेन्द्रीकरण कर दिया जाए, इसके लिए भर्ती के तरीकों और अर्हताओं में उपयुक्त संशोधन करना होगा। स्थानीय कार्यालयों में जिन कोटियों के पदों पर कार्य करने वालों की</li></ul>

Enter Caption

	बदली मामूली तौर पर प्रदेश के बाहर नहीं होती उन कोटियों के सम्बन्ध में यह सुझाव, कोई अधिवास सम्बन्धी प्रतिबन्ध लगाए बिना, सिद्धान्ततः मान लिया जाना चाहिए।
	• समिति आयोग की इस सिफारिश से सहमत है कि केन्द्रीय सरकार के लिए यह विहित कर देना न्यायसम्मत होगा कि उसकी नौकरियों में लगने के लिए अर्हता यह भी होगी कि उम्मीदवार को हिन्दी भाषा का सम्यक ज्ञान हो। • पर ऐसा तभी किया जाना चाहिए जबकि इसके लिए काफी पहले से ही सूचना दे दी गई हो और भाषा-योग्यता का विहित स्तर मामूली हो और इस बारे में जो भी कमी हो उसे सेवाकालीन प्रशिक्षण द्वारा पूरा किया जा सकता है। यह सिफारिश अभी हिन्दी भाषी क्षेत्रों के केन्द्रीय सरकारी विभागों में ही कार्यान्वित की जाए, हिन्दीतर भाषा-भाषी क्षेत्रों के स्थानीय कार्यालयों में नहीं।
प्रशिक्षण संस्थान--	• समिति ने यह सुझाव दिया है कि नेशनल डिफेंस एकेडमी जैसे प्रशिक्षण संस्थानों में शिक्षा का माध्यम अंग्रेजी ही बना रहे किन्तु शिक्षा सम्बन्धी कुछ या सभी प्रयोजनों के लिए माध्यम के रूप में हिन्दी का प्रयोग शुरू करने के लिए उचित कदम उठाए जाएं। • रक्षा मंत्रालय अनुदेश पुस्तिकाओं इत्यादि के हिन्दी प्रकाशन आदि के रूप में समुचित प्रारम्भिक कार्रवाई करें, ताकि जहां भी व्यवहार्य हो शिक्षा के माध्यम के रूप में हिन्दी का प्रयोग सम्भव हो जाए। • समिति ने सुझाव दिया कि प्रशिक्षण संस्थानों में प्रवेश के लिए, अंग्रेजी और हिन्दी दोनों ही परीक्षा के माध्यम हों, किन्तु परिक्षार्थियों का यह विकल्प रहे कि वे सब या कुछ परीक्षा पत्रों के लिए उनमें से किसी एक भाषा को चुन लें और एक विशेष समिति यह जांच करने के लिए नियुक्त की जाए कि नियत कोटा प्रणाली अपनाए बिना प्रादेशिक भाषाओं का प्रयोग परीक्षा के माध्यम के रूप में कहां तक शुरू किया जा सकता है। रक्षा मंत्रालय को चाहिए कि वह प्रवेश परीक्षाओं में वैकल्पिक माध्यम के रूप में हिन्दी का प्रयोग शुरू करने के लिए आवश्यक कार्रवाई करे और कोई नियत कोटा प्रणाली अपनाए बिना परीक्षा के माध्यम के रूप में प्रादेशिक भाषाओं का प्रयोग आरम्भ करने के प्रश्न पर विचार करने के लिए एक विशेषज्ञ समिति नियुक्त करे
अखिल	परीक्षा का माध्यम अंग्रेजी बना रहे और कुछ समय पश्चात् हिन्दी

Enter Caption

भारतीय सेवाओं और उच्चतर केन्द्रीय सेवाओं में भर्ती	परीक्षा का माध्यम	वैकल्पिक माध्यम के रूप में अपना ली जाए। उसके बाद जब तक आवश्यक हो अंग्रेजी और हिन्दी दोनों ही परीक्षार्थी के विकल्पानुसार परीक्षा के माध्यम के रूप में अपनाने की छूट हो; और
		किसी प्रकार की नियत कोटा प्रणाली अपनाए बिना परीक्षा के माध्यम के रूप में विभिन्न प्रादेशिक भाषाओं का प्रयोग शुरू करने की व्यवहार्यता की जांच करने के लिए एक विशेषज्ञ समिति नियुक्त की जाए।
		कुछ समय के पश्चात वैकल्पिक माध्यम के रूप में हिन्दी का प्रयोग शुरू करने के लिए संघ लोक सेवा आयोग के साथ परामर्श कर गृह मंत्रालय आवश्यक कार्रवाई करे। वैकल्पिक माध्यम के रूप में विभिन्न प्रादेशिक भाषाओं का प्रयोग करने से गम्भीर कठिनाइयां पैदा होने की संभावना है, इसलिए वैकल्पिक माध्यम के रूप में विभिन्न प्रादेशिक भाषाओं का प्रयोग शुरू करने की व्यवहार्यता की जांच करने के लिए विशेषज्ञ समिति नियुक्त करना आवश्यक नहीं है।
	भाषा विषयक प्रश्न-पत्र -	समिति की राय है कि सम्यक सूचना के बाद समान स्तर के दो अनिवार्य प्रश्न-पत्र होने चाहिए जिनमें से एक हिन्दी और दूसरा हिन्दी से भिन्न किसी भारतीय भाषा का होना चाहिए और परीक्षार्थी को यह स्वतंत्रता होनी चाहिए कि वह इनमें से किसी एक को चुन ले। अभी केवल एक ऐच्छिक हिन्दी परीक्षा पत्र शुरू किया जाए। प्रतियोगिता के फल पर चुने गए जो परीक्षार्थी इस परीक्षा पत्र में उत्तीर्ण हो गए हों, उन्हें भर्ती के बाद जो विभागीय हिन्दी परीक्षा देनी होती है उसमें बैठने और उसमें उत्तीर्ण होने की शर्त से छूट दी जाए।
	अंक -	जैसा कि समिति का सुझाव है केन्द्रीय मंत्रालयों का हिन्दी प्रकाशनों में अन्तर्राष्ट्रीय अंकों के अतिरिक्त देवनागरी अंकों के प्रयोग के सम्बन्ध में एक आधारभूत नीति अपनाई जाए,जिसका निर्धारण इस आधार पर किया जाए कि वे प्रकाशन किस प्रकार की जनता के लिए हैं और उसकी विषयवस्तु क्या है। वैज्ञानिक, औद्योगिक और सांख्यिकीय प्रकाशनों में,जिसमें केन्द्रीय सरकार का बजट सम्बन्धी साहित्य भी शामिल है, बराबर अन्तर्राष्ट्रीय अंकों का प्रयोग किया जाए।

Enter Caption

उच्चतम न्यायालय और उच्च न्यायालय की भाषा-	राजभाषा आयोग ने सिफारिश की थी कि जहां तक उच्चतम न्यायालय की भाषा का सवाल है उसकी भाषा इस परिवर्तन का समय आने पर अन्ततः हिन्दी होनी चाहिए। समिति ने यह सिफारिश मान ली है। आयोग ने उच्च न्यायालयों की भाषा के विषय में प्रादेशिक भाषाओं और हिन्दी के पक्ष-विपक्ष में विचार किया और सिफारिश की कि जब भी इस परिवर्तन का समय आए, उच्च न्यायालयों के निर्णयों, आज्ञप्तियों (डिक्रियों) और आदेशों की भाषा जब प्रदेशों में हिन्दी होनी चाहिए किन्तु समिति की राय है कि राष्ट्रपति की पूर्व सम्मति से आवश्यक विधेयक पेश करके यह व्यवस्था करने की गुंजाइश रहे कि उच्च न्यायालयों के निर्णयों, आज्ञप्तियों (डिक्रियों) और आदेशों के लिए उच्च न्यायालय में हिन्दी और राज्यों की राजभाषाएं विकल्पतः प्रयोग में लाई जा सकेंगी। समिति की राय है कि उच्चतम न्यायालय अन्ततः अपना सब काम हिन्दी में करे, यह सिद्धान्त रूप में स्वीकार्य है और इसके संबंध में समुचित कार्यवाही उसी समय अपेक्षित होगी जब कि इस परिवर्तन के लिए समय आ जाएगा। जैसा कि आयोग की सिफारिश की तरमीम करते हुए समिति ने सुझाव दिया है, उच्च न्यायालयों की भाषा के विषय में यह व्यवस्था करने के लिए आवश्यक विधेयक विधि मंत्रालय उचित समय पर राष्ट्रपति की पूर्व सम्मति से पेश करे कि निर्णयों, डिक्रियों और आदेशों के प्रयोजनों के लिए हिन्दी और राज्यों की राजभाषाओं का प्रयोग विकल्पतः किया जा सकेगा।
विधि क्षेत्र में हिन्दी में काम करने के लिए आवश्यक आरम्भिक कदम-	मानक विधि शब्दकोश तैयार करने, केन्द्र तथा राज्य के विधान निर्माण से संबंधित सांविधिक ग्रन्थ का अधिनियम करने, विधि शब्दावली तैयार करने की योजना बनाने और जिस संक्रमण काल में सांविधिक ग्रंथ और साथ ही निर्णयविधि अंशतः हिन्दी और अंग्रेजी में होंगे, उस अवधि में प्रारम्भिक कदम उठाने के बारे में आयोग ने जो सिफारिश की थी उन्हें समिति ने मान लिया है। साथ ही समिति ने यह सुझाव भी दिया है कि संविधियों के अनुवाद और विधि शब्दावली तथा कोशों से संबंधित सम्पूर्ण कार्यक्रम की समुचित योजना बनाने और उसे कार्यान्वित करने के लिए भारत की विभिन्न राष्ट्रभाषाओं का प्रतिनिधित्व करने वाले विशेषज्ञों का एक स्थाई आयोग या इस प्रकार कोई उच्च स्तरीय निकाय बनाया जाए। समिति ने यह राय भी जाहिर की है कि राज्य सरकारों को परामर्श दिया जाए कि वे भी केन्द्रीय सरकार से राय लेकर इस संबंध में आवश्यक कार्रवाई करें। समिति के सुझाव को दृष्टि में रखकर विधि मंत्रालय यथासंभव सब भारतीय भाषाओं में प्रयोग के लिए सर्वमान्य विधि शब्दावली की तैयारी और संविधियों के हिन्दी में अनुवाद संबंधी पूरे काम के लिए समुचित योजना बनाने और पूरा करने के लिए विधि विशेषज्ञों के एक स्थाई आयोग का निर्माण करे।

Enter Caption

<table>
<tr>
<td>

हिन्दी के प्रगामी प्रयोग के लिए योजना का कार्यक्रम--

</td>
<td>

.समिति ने यह सुझाव दिया है कि संघ की राजभाषा के रूप में हिन्दी के प्रगामी प्रयोग की योजना संघ सरकार बनाए और कार्यान्वित करे। संघ के राजकीय प्रयोजनों में से किसी के लिए अंग्रेजी के प्रयोग पर इस समय कोई रोक न लगाई जाए।

तद्नुसार गृह मंत्रालय एक योजना कार्यक्रम तैयार करे और उसे अमल में लाने के संबंध में आवश्यक कार्रवाई करे। इस योजना का उद्देश्य होगा संघीय प्रशासन में बिना कठिनाई के हिन्दी के प्रगामी प्रयोग के लिए प्रारम्भिक कदम उठाना और संविधान के अनुच्छेद 343 खंड (2) में किए गए उपबन्ध के अनुसार संघ के विभिन्न कार्यों में अंग्रेजी के साथ-साथ हिन्दी के प्रयोग को बढ़ावा देना, अंग्रेजी के अतिरिक्त हिन्दी का प्रयोग कहां तक किया जा सकता है यह बात इन प्रारम्भिक कार्रवाईयों की सफलता पर बहुत कुछ निर्भर करेगी। इस बीच प्राप्त अनुभव के आधार पर अंग्रेजी के अतिरिक्त हिन्दी के वास्तविक प्रयोग की योजना पर समय-समय पर पुनर्विचार और उसमें हेर-फेर करना होगा।

</td>
</tr>
</table>

Enter Caption

4

राजभाषा अधिनियम 1963

- 1963 का राजभाषा अधिनियम उन भाषाओं का, जो संघ के राजकीय प्रयोजनों, संसद में कार्य के संव्यवहार, केन्द्रीय और राज्य अधिनियमों और उच्च न्यायालयों में कतिपय प्रयोजनों के लिए प्रयोग में लाई जा सकेंगी, उपबन्ध करने के लिए बनाया गया था ।

• इस में कुल ९ धाराएं है ।

धारा	विवरण
धारा-1	संक्षिप्त नाम और प्रारम्भ
धारा-2	परिभाषाएं
धारा-3	संघ के राजकीय प्रयोजनों के लिए और संसद में प्रयोग के लिए अंग्रेजी भाषा का रहना
धारा-4	राजभाषा के सम्बन्ध में समिति
धारा-5	केन्द्रीय अधिनियमों आदि का प्राधिकृत हिन्दी अनुवाद-
धारा-6	कतिपय दशाओं में राज्य अधिनियमों का प्राधिकृत हिन्दी अनुवाद-
धारा-7	उच्च न्यायालयों के निर्णयों आदि में हिन्दी या अन्य राजभाषा का वैकल्पिक प्रयोग
धारा-8	कतिपय दशाओं में राज्य अधिनियमों का प्राधिकृत हिन्दी अनुवाद-
धारा-9	नियम बनाने की शक्ति

• 1963 का राजभाषा अधिनियम 1967 में संशोधित हुआ था

धारा1 :संक्षिप्त नाम और प्रारम्भ

1. यह अधिनियम राजभाषा अधिनियम, 1963 कहा जा सकेगा।

2. **धारा 3, जनवरी, 1965 के 26 वें दिन** को प्रवृत होगी और इस अधिनियम के शेष उपबन्ध उस तारीख को प्रवृत होंगे जिसे केन्द्रीय सरकार,शासकीय राजपत्र में अधिसूचना द्वारा नियत करे और इस अधिनियम के विभिन्न उपबन्धों के लिए विभिन्न तारीखें नियत की जा सकेंगी।

धारा2 :परिभाषाएं

3. 'नियत दिन' से, धारा 3 के सम्बन्ध में, जनवरी, 1965 का 26वां दिन अभिप्रेत है और इस अधिनियम के किसी अन्य उपबन्ध के सम्बन्ध में वह दिन अभिप्रेत है जिस दिन को वह उपबन्ध प्रवृत होता है;

4. 'हिन्दी' से वह हिन्दी अभिप्रेत है जिसकी लिपि देवनागरी है।

Enter Caption

धारा 3: संघ के राजकीय प्रयोजनों के लिए और संसद में प्रयोग के लिए अंग्रेजी भाषा का रहना

इस धारा को १९६८ में ऑफिसियल लैंग्वेजेज (अमेंडमेंट)एक्ट १९६७ के द्वारा राजभाषा अधिनियम, 1963 में जोड़ा गया है

धारा 3 :उपधारा 1

संविधान के प्रारम्भ से पन्द्रह वर्ष की कालावधि की समाप्ति हो जाने पर भी, हिन्दी के अतिरिक्त अंग्रेजी भाषा, नियत दिन से ही,

a. संघ के उन सब राजकीय प्रयोजनों के लिए जिनके लिए वह उस दिन से ठीक पहले प्रयोग में लाई जाती थी ; तथा

b. संसद में कार्य के संव्यवहार के लिए प्रयोग में लाई जाती रह सकेगी :

परंतु संघ और किसी ऐसे राज्य के बीच, जिसने हिन्दी को अपनी राजभाषा के रूप में नहीं अपनाया है, पत्रादि के प्रयोजनों के लिए अंग्रेजी भाषा प्रयोग में लाई जाएगी:

परन्तु यह और कि जहां किसी ऐसे राज्य के, जिसने हिन्दी को अपनी राजभाषा के रूप में अपनाया है और किसी अन्य राज्य के, जिसने हिन्दी को अपनी राजभाषा के रूप में नहीं अपनाया है, बीच पत्रादि के प्रयोजनों के लिए हिन्दी को प्रयोग में लाया जाता है, वहां हिन्दी में ऐसे पत्रादि के साथ-साथ उसका अनुवाद अंग्रेजी भाषा में भेजा जाएगा :

परन्तु यह और भी कि इस उपधारा की किसी भी बात का यह अर्थ नहीं लगाया जाएगा कि वह किसी ऐसे राज्य को, जिसने हिन्दी को अपनी राजभाषा के रूप में नहीं अपनाया है, संघ के साथ या किसी ऐसे राज्य के साथ, जिसने हिन्दी को अपनी राजभाषा के रूप में अपनाया है, या किसी अन्य राज्य के साथ, उसकी सहमति से, पत्रादि के प्रयोजनों के लिए हिन्दी को प्रयोग में लाने से निवारित करती है, और ऐसे किसी मामले में उस राज्य के साथ पत्रादि के प्रयोजनों के लिए अंग्रेजी भाषा का प्रयोग बाध्यकर न होगा

धारा3 :उपधारा 2

i. केन्द्रीय सरकार के एक मंत्रालय या विभाग या कार्यालय के और दूसरे मंत्रालय या विभाग या कार्यालय के बीच ;

ii. केन्द्रीय सरकार के एक मंत्रालय या विभाग या कार्यालय के और केन्द्रीय सरकार के

Enter Caption

• 47 •

स्वामित्व में के या नियंत्रण में के किसी निगम या कम्पनी या उसके किसी कार्यालय के बीच ;

iii. केन्द्रीय सरकार के स्वामित्व में के या नियंत्रण में के किसी निगम या कम्पनी या उसके किसी कार्यालय के और किसी अन्य ऐसे निगम या कम्पनी या कार्यालय के बीच ;प्रयोग में लाई जाती है वहां उस तारीख तक, जब तक पूर्वोक्त संबंधित मंत्रालय, विभाग, कार्यालय या विभाग या कम्पनी का कर्मचारीवृद हिन्दी का कार्यसाधक ज्ञान प्राप्त नहीं कर लेता, ऐसे पत्रादि का अनुवाद, यथास्थिति, अंग्रेजी भाषा या हिन्दी में भी दिया जाएगा।

धारा3 :उपधारा 3

मदो का विवरण - जिनके लिए हिंदी और अंग्रेजी भाषा दोनों ही का प्रयोग किया जाना हैं

i. संकल्पों, साधारण आदेशों, नियमों, अधिसूचनाओं, प्रशासनिक या अन्य प्रतिवेदनों या प्रेस विज्ञप्तियों के लिए, जो केन्द्रीय सरकार द्वारा या उसके किसी मंत्रालय, विभाग या कार्यालय द्वारा या केन्द्रीय सरकार के स्वामित्व में के या नियंत्रण में के किसी निगम या कम्पनी द्वारा या ऐसे निगम या कम्पनी के किसी कार्यालय द्वारा निकाले जाते हैं या किए जाते हैं ;

ii. संसद के किसी सदन या सदनों के समक्ष रखे गए प्रशासनिक तथा अन्य प्रतिवेदनों और राजकीय कागज-पत्रों के लिए ;

iii. केन्द्रीय सरकार या उसके किसी मंत्रालय, विभाग या कार्यालय द्वारा या उसकी ओर से या केन्द्रीय सरकार के स्वामित्व में के या नियंत्रण में के किसी निगम या कम्पनी द्वारा या ऐसे निगम या कम्पनी के किसी कार्यालय द्वारा निष्पादित संविदाओं और करारों के लिए तथा निकाली गई अनुज्ञप्तियों,अनुज्ञापत्रों, सूचनाओं और निविदा-प्ररूपों के लिए, प्रयोग में लाई जाएगी।

धारा3 :उपधारा 4

उपधारा (1)या उपधारा (2) या उपधारा (3) के उपबन्धों पर प्रतिकूल प्रभाव डाले बिना यह है कि केन्द्रीय सरकार धारा 8 के अधीन बनाए गए नियमों द्वारा उस भाषा या उन भाषाओं का उपबन्ध कर सकेगी जिसे या जिन्हें संघ के राजकीय प्रयोजन के लिए, जिसके अन्तर्गत किसी मंत्रालय,विभाग, अनुभाग या कार्यालय का कार्यकरण है, प्रयोग में लाया जाना है और ऐसे नियम बनाने में राजकीय कार्य के शीघ्रता और दक्षता के साथ निपटारे का तथा जन साधारण के हितों का सम्यक ध्यान रखा जाएगा और इस प्रकार बनाए गए नियम विशिष्टतया यह सुनिश्चित करेंगे कि जो व्यक्ति संघ के कार्यकलाप के सम्बन्ध में सेवा कर रहे हैं और जो या तो हिन्दी में या अंग्रेजी भाषा में प्रवीण हैं वे प्रभावी रूप से अपना काम कर सकें और यह भी कि केवल इस आधार पर कि वे दोनों ही भाषाओं में प्रवीण नहीं है

Enter Caption

उनका कोई अहित नहीं होता है

धारा 3 :उपधारा 5

उपधारा (1)के खंड (क) के उपबन्ध और उपधारा (2), उपधारा (3) और उपधारा (4), के उपबन्ध तब तक प्रवृत्त बने रहेंगे जब तक उनमें वर्णित प्रयोजनों के लिए अंग्रेजी भाषा का प्रयोग समाप्त कर देने के लिए ऐसे सभी राज्यों के विधान मण्डलों द्वारा, जिन्होंने हिन्दी को अपनी राजभाषा के रूप में नहीं अपनाया है, संकल्प पारित नहीं कर दिए जाते और जब तक पूर्वोक्त संकल्पों पर विचार कर लेने के पश्चात् ऐसी समाप्ति के लिए संसद के हर एक सदन द्वारा संकल्प पारित नहीं कर दिया जाता।

धारा 4 :राजभाषा के सम्बन्ध में समिति

1. जिस तारीख को धारा 3 प्रवृत्त होती है उससे दस वर्ष की समाप्ति के पश्चात, राजभाषा के सम्बन्ध में एक समिति, इस विषय का संकल्प संसद के किसी भी सदन में राष्ट्रपति की पूर्व मंजूरी से प्रस्तावित और दोनों सदनों द्वारा पारित किए जाने पर, गठित की जाएगी।

2. इस समिति में तीस सदस्य होंगे जिनमें से बीस लोक सभा के सदस्य होंगे तथा दस राज्य सभा के सदस्य होंगे, जो क्रमशः लोक सभा के सदस्यों तथा राज्य सभा के सदस्यों द्वारा आनुपातिक प्रतिनिधित्व पद्धति के अनुसार एकल संक्रमणीय मत द्वारा निर्वाचित होंगे।

3. इस समिति का कर्तव्य होगा कि वह संघ के राजकीय प्रयोजनों के लिए हिन्दी के प्रयोग में की गई प्रगति का पुनर्विलोकन करें और उस पर सिफारिशें करते हुए राष्ट्रपति को प्रतिवेदन करें और राष्ट्रपति उस प्रतिवेदन को संसद् के हर एक सदन के समक्ष रखवाएगा और सभी राज्य सरकारों को भिजवाएगा ।

4. राष्ट्रपति उपधारा (3) में निर्दिष्ट प्रतिवेदन पर और उस पर राज्य सरकारों ने यदि कोई मत अभिव्यक्त किए हों तो उन पर विचार करने के पश्चात् उस समस्त प्रतिवेदन के या उसके किसी भाग के अनुसार निदेश निकाल सकेगा : परन्तु इस प्रकार निकाले गए निदेश धारा 3 के उपबन्धों से असंगत नहीं होंगे ।

धारा 5 :केन्द्रीय अधिनियमों आदि का प्राधिकृत हिन्दी अनुवाद

1. नियत दिन को और उसके पश्चात् शासकीय राजपत्र में राष्ट्रपति के प्राधिकार से प्रकाशित--

    a. किसी केन्द्रीय अधिनियम का या राष्ट्रपति द्वारा प्रख्यापित किसी अध्यादेश

Enter Caption

का, अथवा

b. संविधान के अधीन या किसी केन्द्रीय अधिनियम के अधीन निकाले गए किसी आदेश, नियम, विनियम या उपविधि का हिन्दी में अनुवाद उसका हिन्दी में प्राधिकृत पाठ समझा जाएगा ।

2. नियत दिन से ही उन सब विधेयकों के, जो संसद के किसी भी सदन में पुरःस्थापित किए जाने हों और उन सब संशोधनों के, जो उनके समबन्ध में संसद के किसी भी सदन में प्रस्तावित किए जाने हों, अंग्रेजी भाषा के प्राधिकृत पाठ के साथ-साथ उनका हिन्दी में अनुवाद भी होगा जो ऐसी रीति से प्राधिकृत किया जाएगा, जो इस अधिनियम के अधीन बनाए गए नियमों द्वारा विहित की जाए।

धारा 6 :कतिपय दशाओं में राज्य अधिनियमों का प्राधिकृत हिन्दी अनुवाद

जहां किसी राज्य के विधानमण्डल ने उस राज्य के विधानमण्डल द्वारा पारित अधिनियमों में अथवा उस राज्य के राज्यपाल द्वारा प्रख्यापित अध्यादेशों में प्रयोग के लिए हिन्दी से भिन्न कोई भाषा विहित की है वहां, संविधान के अनुच्छेद 348 के खण्ड (3) द्वारा अपेक्षित अंग्रेजी भाषा में उसके अनुवाद के अतिरिक्त, उसका हिन्दी में अनुवाद उस राज्य के शासकीय राजपत्र में, उस राज्य के राज्यपाल के प्राधिकार से, नियत दिन को या उसके पश्चात् प्रकाशित किया जा सकेगा और ऐसी दशा में ऐसे किसी अधिनियम या अध्यादेश का हिन्दी में अनुवाद हिन्दी भाषा में उसका प्राधिकृत पाठ समझा जाएगा।

धारा 7 :उच्च न्यायालयों के निर्णयों आदि में हिन्दी या अन्य राजभाषा का वैकल्पिक प्रयोग-

नियत दिन से ही या तत्पश्चात् किसी भी दिन से किसी राज्य का राज्यपाल, राष्ट्रपति की पूर्व सम्मति से, अंग्रेजी भाषा के अतिरिक्त हिन्दी या उस राज्य की राजभाषा का प्रयोग, उस राज्य के उच्च न्यायालय द्वारा पारित या दिए गए किसी निर्णय, डिक्री या आदेश के प्रयोजनों के लिए प्राधिकृत कर सकेगा और जहां कोई निर्णय, डिक्री या आदेश (अंग्रेजी भाषा से भिन्न) ऐसी किसी भाषा में पारित किया या दिया जाता है वहां उसके साथ-साथ उच्च न्यायालय के प्राधिकार से निकाला गया अंग्रेजी भाषा में उसका अनुवाद भी होगा।

धारा 8 :नियम बनाने की शक्ति -

इस धारा के अधीन बनाया गया हर नियम, बनाए जाने के पश्चात् यथाशीघ्र, संसद के हर एक सदन के समक्ष, जब वह सत्र में हो, कुल तीस दिन की अवधि के लिए रखा जाएगा।

धारा 9 :कतिपय उपबन्धों का जम्मू-कश्मीर को लागू न होना-

- धारा 6 और धारा 7 के उपबन्ध जम्मू-कश्मीर राज्य को लागू न होंगे।

Enter Caption

<u>राजभाषा अधिनियम 1963 से सम्बंधित बहुविकल्पीय प्रश्न</u>

1. राजभाषा अधिनियम कब पारित हुआ ?

   क   10 मई 1963 <u>उत्तर</u>   ग   1953

   ख   1976   घ   1979

2. राजभाषा अधिनियम 1963 कब संशोधित हुआ था?

   क   1953 में   ग   1967 में <u>उत्तर</u>

   ख   1976 में   घ   1979 में

3. राजभाषा अधिनियम 1963 में कुल कितनी धाराएं है?

   क   9 <u>उत्तर</u>   ग   10

   ख   11   घ   12

4. राजभाषा अधिनियम 1963 की धारा 1 किससे सम्बंधित हैं?

   क   संक्षिप्त नाम और प्रारम्भ <u>उत्तर</u>

   ख   परिभाषाएं

   ग   संघ के राजकीय प्रयोजनों के लिए और संसद में प्रयोग के लिए अंग्रेजी भाषा
       का रहना

   घ   राजभाषा के सम्बन्ध में समिति

5. राजभाषा अधिनियम 1963 की धारा 1 में क्या कहा गया हैं?

   क   यह अधिनियम राजभाषा अधिनियम, 1963 कहा जा सकेगा।

   ख   धारा 3, जनवरी, 1965 के 26 वें दिन को प्रवृत होगी

   ग   उपरोक्त दोनों बाते कहीं गयी हैं <u>उत्तर</u>

   घ   राजभाषा के सम्बन्ध में समिति का विवरण दिया गया हैं

6. राजभाषा अधिनियम की धारा 3(3) कब से प्रवृत हुई ?

   क   26 जनवरी 1965 <u>उत्तर</u>   ग   26 जनवरी 1967

   ख   26 जनवरी 1968   घ   26 जनवरी 1969

7. राजभाषा अधिनियम 1963 की धारा 2 किससे सम्बंधित हैं?

   क   संक्षिप्त नाम और प्रारम्भ

   ख   परिभाषाएं <u>उत्तर</u>

   ग   संघ के राजकीय प्रयोजनों के लिए और संसद में प्रयोग के लिए अंग्रेजी भाषा
       का रहना

   घ   राजभाषा के सम्बन्ध में समिति

8. राजभाषा अधिनियम 1963 धारा 3 की उपधारा 3 किससे सम्बंधित हैं?

   क   उन मदो का विवरण हैं जिनके लिए हिंदी और अंग्रेजी भाषा दोनों ही का
       प्रयोग किया जाना हैं <u>उत्तर</u>

   ख   उन मदो का विवरण हैं जिनके लिए हिंदी या अंग्रेजी भाषा में से कोई एक
       का प्रयोग किया जाना हैं

   ग   संघ के राजकीय प्रयोजनों के लिए और संसद में प्रयोग के लिए अंग्रेजी भाषा

Enter Caption

का रहना

घ   राजभाषा के सम्बन्ध में समिति

---

9.   **राजभाषा अधिनियम** 1963 की धारा 3 उपधाराके अनुसार कुल कितने प्रपत्रों हिंदी और अंग्रेजी भाषा दोनों ही को जारी करना आवश्यक हैं ?

क   11 प्रपत्र

ख   12 प्रपत्र

ग   13 प्रपत्र

घ   14 प्रपत्र **उत्तर**

---

10.   **राजभाषा अधिनियम** 1963 की धारा 3 उपधाराके अनुसार केन्द्रीय सरकार के निम्नलिखित दस्तावेज़ हिंदी और अंग्रेजी भाषा दोनों ही को जारी करना आवश्यक हैं?

क   1.संकल्पों 2. साधारण आदेशों 2. नियमों 3 अधिसूचनाओं4.प्रशासनिक या 5.अन्य प्रतिवेदनों 6. प्रेस विज्ञप्तियों के लिए

ख   संसद के किसी सदन या सदनों के समक्ष रखे गए

  1.   प्रशासनिक तथा अन्य प्रतिवेदनों और

  2.   राजकीय कागज-पत्रों के लिए ;

ग   केन्द्रीय सरकार के निष्पादित

  1.   संविदाओं और

  2.   करारों के लिए तथा

  3. निकाली गई अनुज्ञप्तियो

  4.   अनुज्ञापत्रों

  5.   सूचनाओं

  6.   निविदा-प्ररूप

घ   उपरोक्त सभी दस्तावेज़ हिंदी और अंग्रेजी भाषा दोनों ही को जारी करना आवश्यक हैं   **(उत्तर)**

---

11.   ऐसे सभी राज्यों जिन्होंने हिन्दी को अपनी राजभाषा के रूप में नहीं अपनाया है अंग्रेजी भाषा का प्रयोग समाप्त कर देने के लिए हेतु प्रावधान हैं?

क   ऐसे सभी राज्यों के विधान मण्डलों द्वारा, जिन्होंने हिन्दी को अपनी राजभाषा के रूप में नहीं अपनाया है, संकल्प पारित किया जायेगा

ख   संकल्पों पर विचार कर लेने के पश्चात् ऐसी समाप्ति के लिए संसद के हर एक सदन द्वारा संकल्प पारित किया जायेगा

ग   उपरोक्त सभी प्रक्रियाओं का पालन आवश्यक हैं**(उत्तर)**

घ   उपरोक्त में से कोई नहीं

---

12.   **राजभाषा अधिनियम** 1963 की धारा 4 किससे सम्बंधित हैं?

क   संक्षिप्त नाम और प्रारम्भ

ख   परिभाषाएं

ग   संघ के राजकीय प्रयोजनों के लिए और संसद में प्रयोग के लिए अंग्रेजी भाषा

श्वेता मिश्रा

Enter Caption

• 53 •

श्वेता मिश्रा

Enter Caption

का रहना

घ राजभाषा के सम्बन्ध में समिति(**उत्तर**)

13. **राजभाषा अधिनियम** 1963 की धारा 9 में क्या कहा गया हैं?

क धारा 6 और धारा 7 के उपबन्ध जम्मू-कश्मीर राज्य को लागू न होंगे।(**उत्तर**)

ख परिभाषाएं

ग संघ के राजकीय प्रयोजनों के लिए और संसद में प्रयोग के लिए अंग्रेजी भाषा का रहना

घ राजभाषा के सम्बन्ध में समिति का विवरण दिया गया हैं

14. राजभाषा अधिनियम 1963 की धाराएं 6 व 7 किस राज्य में लागू नहीं होतीं?

क जम्मू-कश्मीर(**उत्तर**)   ग हिमाचल प्रदेश

ख बिहार   घ असम

15. राजभाषा अधिनियम 1963 की धारा 7   किससे सम्बंधित है?

क हिंदी के प्रगामी (प्रोग्रेसिव)प्रयोग से सम्बंधित

ख राजभाषा की संसदीय समिति से सम्बंधित

ग उच्च न्यायालयों के निर्णयों में हिंदी या अन्य राजभाषा के वैकल्पिक(ऑप्शनल)   प्रयोग से सम्बंधित(**उत्तर**)

घ उर्दू को राजभाषा के रूप में घोषित करने   से सम्बंधित

16. राजभाषा अधिनियम, 1963 क्यों पारित हुआ ?

क 1965 के बाद भी हिंदी के अलावा अंग्रेजी के प्रयोग को जारी रखने का प्रावधान करने के लिए(**उत्तर**)

ख राजभाषा की संसदीय समिति सम्बंधित प्रावधान करने के लिए

ग उच्च न्यायालयों के निर्णयों में हिंदी या अन्य राजभाषा के वैकल्पिक(ऑप्शनल)   सम्बंधित प्रावधान करने के लिए

घ उर्दू को राजभाषा के रूप में घोषित करने   से सम्बंधित प्रावधान करने के लिए

17 हिंदीतर (नॉन हिंदी)भाषी क्षेत्रों के निवासियों को दिए गए आश्वासनों को क़ानूनी रूप देने के लिए पारित अधिनियम कौन सा है?

क राजभाषा अधिनियम 1963

ख १९६८ में ऑफिसियल लैंग्वेजेज (अमेंडमेंट)एक्ट १९६७ (**उत्तर**)

ग राजभाषा नियम 1976

घ राजभाषा नियम 1982

18. किस   धारा को १९६८ में ऑफिसियल लैंग्वेजेज (अमेंडमेंट)एक्ट १९६७ के द्वारा राजभाषा अधिनियम, 1963 में जोड़ा गया है?

क	धारा-1	ग	धारा-3(**उत्तर**)
ख	धारा-2	घ	धारा-4

Enter Caption

19. राजभाषा अधिनियम 1963 की धारा 3(3) के अंतर्गत आने वाले दस्तावेज़ को किस भाषा में जारी करना अनिवार्य है?

(एलडीसीई-२०२२/एडब्लूएम् प्रश्न आई डी:- 832)

क केवल हिंदी में ग क्षेत्रीय भाषा में
ख केवल अंग्रेज़ी में घ हिंदी तथा अंग्रेज़ी में द्विभाषी रूप में **(उत्तर)**

20 राजभाषा अधिनियम, 1963 का संशोधन किस वर्ष में हुआ?

(NAIR/LDCE/2022/AOM)

क 1967**(उत्तर)** ग 1965
ख 1964 घ 1966

21. हिंदीतर भाषी क्षेत्रों के निवासियों को दिए गए आश्वासनों को कानूनी रूप देने के लिए कौन सा अधिनियम पारित किया गया?) (NAIR/LDCE/2022/AOM)

क अधिनियम 1963 ग अधिनियम 1967 (संशोधित) **(उत्तर)**
ख अधिनियम 1976 घ अधिनियम 1965

22. संकल्प, सामान्य आदेश, नियम, अधिसूचनाएं, प्रेस विज्ञप्तियां, प्रशासनिक और अन्य रिपोर्ट और आधिकारिक कागजात जो संसद के सदनों के समक्ष रखे जाते हैं, अनुबंध, लाइसेंस ,समझौते, परमिट, निविदा नोटिस, आदि हिंदी और अंग्रेजी में द्विभाषिक रूप से जारी किए जाने चाहिए- (NAIR/LDCE/2022/AFA)

यह राजभाषा अधिनियम की निम्नलिखित में से किस धारा के द्वारा अनिवार्य है?

क धारा 6(3) ग धारा 4(3)
ख धारा 5(3) घ धारा 3(3) **(उत्तर)**

23. राजभाषा अधिनियम, 1963 की धारा 3 को लागू हुई- (NAIR/LDCE/2022/AFA)

क 26 जनवरी 1964 ग 26 जनवरी 1965**(उत्तर)**
ख 15 अगस्त 1965 घ 15 अगस्त 1966

24. राजभाषा अधिनियम कब पारित हुआ ? (NAIR/LDCE/2022/ACM)

क 15 जनवरी, 1963 ग 10 मई 1963**(उत्तर)**
ख 10 अप्रैल, 1965 घ 13 जून 1967

25. राजभाषा अधिनियम 1963 यथा संशोधित 1967 की कौन सी धारा के तहत केंद्र सरकार को नियम बनाने की शक्ति प्रदान की गई है ? (NAIR/LDCE/2022/AEE)

क धारा 8 **(उत्तर)** ग धारा 5
ख धारा 6 घ धारा 7

26. राजभाषा अधिनियम 1963 की धारा 3(3)--- से प्रभावी हुई? NAIR/LDCE/2022/AEE)

क 26 जनवरी 1965 **(उत्तर)**
ख 27 जनवरी 1965
ग 26 जनवरी 1964
घ 27 जनवरी 1964

27. राजभाषा अधिनियम 1963 की धारा 4 से संबंधित है ? (NAIR/LDCE/2022/AEE)

Enter Caption

क क्षेत्रीय राजभाषा समिति की गठन

ख संसदीय राजभाषा समिति के गठन **(उत्तर)**

ग नगर राजभाषा समिति के गठन

घ दिए गए विकल्पों में से कोई नहीं

---

28. राजभाषा अधिनियम 1963 का सेक्शन 3 किस तारीख से लागू हुआ ?

(APO-2022-NAIR-LDCE)

क 26 जनवरी 1963		ग 26 जनवरी 1965 **उत्तर**	
ख 15 अगस्त 1963		घ 15 अगस्त 1965	

---

29. राजभाषा अधिनियम 1963 का कौन सा प्रावधान 26 जनवरी 1965 को लागू हुआ?

(APO-2022-NAIR-LDCE)

क अधिनियम की धारा 1	ग अधिनियम की धारा 3 **उत्तर**
ख अधिनियम की धारा 2	घ इनमें से कोई नहीं

---

30. राजभाषा अधिनियम 1963 के अनुसार हिन्दी का मतलब क्या है?

(APO-2022-NAIR-LDCE)

क किसी भी लिपि में हिंदी	ग देवनागरी लिपि में हिंदी **उत्तर**
ख रोमन लिपि में हिंदी	घ इनमे से कोई नहीं

---

31. राजभाषा अधिनियम 1963 के अनुसार, 'ख' क्षेत्र में इनमें से कौन सा शामिल नहीं है ?

(APO-2022-NAIR-LDCE)

क पंजाब	ग महाराष्ट्र
ख अंडमान और निकोबार **उत्तर**	घ गुजरात

---

32. राजभाषा अधिनियम, 1963 का नियम 3 (3) क्या कहता है ?

(APO-2022-NAIR-LDCE)

क कम से कम 50% संकल्प, सामान्य आदेश, नियम, अधिसूचनाएं, समझौते, प्रशासनिक और अन्य रिपोर्ट या प्रेस संचार आदि द्विभाषी रूप से प्रकाशित किए जाने चाहिए

ख सभी संकल्प, सामान्य आदेश, नियम, अधिसूचनाएं, समझौते, प्रशासनिक और अन्य रिपोर्ट या प्रेस संचार आदि द्विभाषी रूप से प्रकाशित किए जाने चाहिए **उत्तर**

ग कम से कम 33% संकल्प, सामान्य आदेश, नियम, अधिसूचनाएं, समझौते, प्रशासनिक और अन्य रिपोर्ट या प्रेस संचार आदि द्विभाषी रूप से प्रकाशित किए जाने चाहिए

घ इनमें से कोई नहीं **उत्तर**

---

33. राजभाषा अधिनियम 1963 के कार्यान्वयन के लिए नोडल मंत्रालय/विभाग कौन सा है?

(APO-2022-NAIR-LDCE)

क कार्मिक एवं प्रशिक्षण विभाग	ग सामाजिक न्याय एवं अधिकारिता मंत्रालय

Enter Caption

	ख	गृह मंत्रालय **उत्तर**	घ	शिक्षा मंत्रालय

34 संसद द्वारा राजभाषा अधिनियम किस वर्ष अधिनियमित किया गया था ?*(ASTE-2022-NAIR-LDCE)*

क	1960	ग	1967
ख	1963 *उत्तर*	घ	1987

35. राजभाषा अधिनियम को लागू करने के लिए नियमों नियम बनाने का अधिकार किसे है ?*(ASTE-2022-NAIR-LDCE)*

क	केन्द्रीय सरकार **उत्तर**	ग	रेलवे बोर्ड
ख	राज्य सरकार	घ	शिक्षा मंत्रालय **उत्तर**

36. राजभाषा अधिनियम कब बना? *(AMM-2022-NAIR-LDCE)*

क	1961	ग	1962
ख	1963 **(उत्तर)**	घ	1968

37. निम्नलिखित में से कौन सा प्रलेख राजभाषा अधिनियम 1963 की धारा 3(3) के अंतर्गत शामिल नहीं है? *(AMM-2022-NAIR-LDCE)*

क	सामान्य आदेश	ग	प्रेस विज्ञप्ति
ख	अधिसूचना	घ	अभ्यावेदन **उत्तर**

38. राजभाषा अधिनियम की धारा 3(3) के अनुपालन का दायित्व किसको सौंपा गया है? *(AMM-2022-NAIR-LDCE)*

क	कार्यालय के प्रशासनिक प्रधान को	ग	ऐसे दस्तावेजों पर हस्ताक्षर करने वालों को **उत्तर**
ख	राजभाषा अधिकारी को	घ	संबंधित लिपिक को

39. निम्न से कौन-कौन से दस्तावेज़ राजभाषा अधिनियम 1963 की धारा 3(3) में आता है ? *(एलडीसीई-२०२२/एडब्लूएम् /प्रश्न आई डी:- 838)*

क कॉन्ट्रैक्ट्स (संविदा)

ख नोटिफिकेशन (अधिसूचना)

ग रसोलूशन्स (संकल्प)

घ यह सभी विकल्प सही हैं **उत्तर**

Enter Caption

5

राजभाषा संकल्प 1968

<u>राजभाषा संकल्प, 1968</u>

"जबकि संविधान के अनुच्छेद 343 के अनुसार संघ की राजभाषा हिंदी रहेगी और उसके अनुच्छेद 351 के अनुसार हिंदी भाषा का प्रसार, वृद्धि करना और उसका विकास करना ताकि वह भारत की सामासिक संस्कृति के सब तत्वों की अभिव्यक्ति का माध्यम हो सके, संघ का कर्तव्य है :यह सभा संकल्प करती है कि हिंदी के प्रसार एंव विकास की गति बढ़ाने के हेतु तथा संघ के विभिन्न राजकीय प्रयोजनों के लिए उत्तरोत्तर इसके प्रयोग हेतु भारत सरकार द्वारा एक अधिक गहन एवं व्यापक कार्यक्रम तैयार किया जाएगा और उसे कार्यान्वित किया जाएगा और किए जाने वाले उपायों एवं की जाने वाली प्रगति की विस्तृत **वार्षिक मूल्यांकन रिपोर्ट** संसद की दोनों सभाओं के पटल पर रखी जाएगी और सब राज्य सरकारों को भेजी जाएगी ।

2. जबकि संविधान की आठवीं अनुसूची में हिंदी के अतिरिक्त भारत की 22 मुख्य भाषाओं का उल्लेख किया गया है , और देश की शैक्षणिक एवं सांस्कृतिक उन्नति के लिए यह आवश्यक है कि इन भाषाओं के पूर्ण विकास हेतु सामूहिक उपाए किए जाने चाहिए :

   यह सभा संकल्प करती है कि हिंदी के साथ-साथ इन सब भाषाओं के समन्वित विकास हेतु भारत सरकार द्वारा राज्य सरकारों के सहयोग से एक कार्यक्रम तैयार किया जाएगा और उसे कार्यान्वित किया जाएगा ताकि वे शीघ्र समृद्ध हो और आधुनिक ज्ञान के संचार का प्रभावी माध्यम बनें ।

3. जबकि एकता की भावना के संवर्धन तथा देश के विभिन्न भागों में जनता में संचार की सुविधा हेतु यह आवश्यक है कि भारत सरकार द्वारा राज्य सरकारों के परामर्श से तैयार किए गए त्रि-भाषा सूत्र को सभी राज्यों में पूर्णत कार्यान्वित करने के लिए प्रभावी किया जाना चाहिए :

   यह सभा संकल्प करती है कि हिंदी भाषी क्षेत्रों में हिंदी तथा अंग्रेजी के अतिरिक्त एक आधुनिक भारतीय भाषा के, दक्षिण भारत की भाषाओं में से किसी एक को तरजीह देते हुए, और अहिंदी भाषी क्षेत्रों में प्रादेशिक भाषाओं एवं अंग्रेजी के साथ साथ हिंदी के अध्ययन के लिए उस सूत्र के अनुसार प्रबन्ध किया जाना चाहिए ।

4. और जबकि यह सुनिश्चित करना आवश्यक है कि संघ की लोक सेवाओं के विषय में देश के विभिन्न भागों के लोगों के न्यायोचित दावों और हितों का पूर्ण परित्राण किया जाए

   यह सभा संकल्प करती है कि-

   a. कि उन विशेष सेवाओं अथवा पदों को छोड़कर जिनके लिए ऐसी किसी सेवा अथवा पद के कर्तव्यों के संतोषजनक निष्पादन हेतु केवल अंग्रेजी अथवा केवल हिंदी अथवा दोनों जैसी कि स्थिति हो, का उच्च स्तर का ज्ञान आवश्यक समझा जाए, संघ सेवाओं अथवा पदों के लिए भर्ती करने

Enter Caption

हेतु उम्मीदवारों के चयन के समय हिंदी अथवा अंग्रेजी में से किसी एक का ज्ञान अनिवार्यत होगा; और

b. कि परीक्षाओं की भावी योजना, प्रक्रिया संबंधी पहलुओं एवं समय के विषय में संघ लोक सेवा आयोग के विचार जानने के पश्चात अखिल भारतीय एवं उच्चतर केन्द्रीय सेवाओं संबंधी परीक्षाओं के लिए संविधान की आठवीं अनुसूची में सम्मिलित सभी भाषाओं तथा अंग्रेजी को वैकल्पिक माध्यम के रूप में रखने की अनुमति होगी ।"

राजभाषा संकल्प, 1968 से सम्बंधित बहुविकल्पीय प्रश्न

1. संघ शासकीय कार्यों को हिंदी मे करने का वार्षिक कार्यक्रम किसके अनुपालन में जारी किया जाती हैं ?   (NAIR/LDCE/2022/AFA)

   क राजभाषा अधिनियम   ग राजभाषा नियम

   ख राजभाषा संकल्प **(उत्तर)**   घ संसदीय राजभाषा समिति के निर्देश

Enter Caption

6

राजभाषा नियम 1976

राजभाषा नियम, 1976

1. राजभाषा नियम 1976 उन भाषाओं का, जो संघ के राजकीय प्रयोजनों, संसद में कार्य संव्यवहार, केन्द्रीय और राज्य अधिनियमों और उच्च न्यायालयों में कतिपय प्रयोजनों लिए प्रयोग में लाई जा सकेंगी, उपबन्ध करने के लिए बनाया गया था ।

2. इस में कुल 12 नियम है ।

3. राजभाषा नियम 1976-, तीन बार 1987,2007 तथा 2011 में संशोधित हुआ था ।

राजभाषा नियम 1976	
नियम-1	संक्षिप्त नाम, विस्तार और प्रारम्भ
नियम-2	नियम2:परिभाषाएं
नियम-3	राज्यों आदि और केन्द्रीय सरकार के कार्यालयों से भिन्न कार्यालयों के साथ पत्रादि
नियम-4	केन्द्रीय सरकार के कार्यालयों के बीच पत्रादि
नियम-5	हिन्दी में प्राप्त पत्रादि के उत्तर
नियम-6	हिन्दी और अंग्रेजी दोनों का प्रयोग
नियम-7	आवेदन, अभ्यावेदन आदि
नियम-8	केन्द्रीय सरकार के कार्यालयों में टिप्पणों का लिखा जाना
नियम-9	हिन्दी में प्रवीणता
नियम-10	हिन्दी का कार्यसाधक ज्ञान
नियम-11	मैनुअल, संहिताएं, प्रक्रिया संबंधी अन्य साहित्य, लेखन सामग्री आदि
नियम-12	अनुपालन का उत्तरदायित्व

नियम 1: संक्षिप्त नाम, विस्तार और प्रारम्भ

a. इन नियमों का संक्षिप्त नाम राजभाषा (संघ के शासकीय प्रयोजनों के लिए प्रयोग) नियम, 1976 है।

b. इनका विस्तार, तमिलनाडु राज्य के सिवाय सम्पूर्ण भारत पर है।

c. ये राजपत्र में प्रकाशन की तारीख को प्रवृत्त होंगे।

नियम 2: परिभाषाएं

a. 'अधिनियम' से राजभाषा अधिनियम, 1963 (1963 का 19) अभिप्रेत है;

b. 'केन्द्रीय सरकार के कार्यालय' के अन्तर्गत निम्नलिखित भी है, अर्थातः-

c. केन्द्रीय सरकार का कोई मंत्रालय, विभाग या कार्यालय;

Enter Caption

d. केन्द्रीय सरकार द्वारा नियुक्त किसी आयोग, समिति या अधिकरण का कोई कार्यालय; और

e. केन्द्रीय सरकार के स्वामित्व में या नियंत्रण के अधीन किसी निगम या कम्पनी का कोई कार्यालय;

f. 'कर्मचारी' से केन्द्रीय सरकार के कार्यालय में नियोजित कोई व्यक्ति अभिप्रेत है;

g. 'अधिसूचित कार्यालय' से नियम 10 के उपनियम (4) के अधीन अधिसूचित कार्यालय, अभिप्रेत है;

h. 'हिन्दी में प्रवीणता' से नियम 9 में वर्णित प्रवीणता अभिप्रेत है ;

i. 'क्षेत्र क' से बिहार, हरियाणा, हिमाचल प्रदेश, मध्य प्रदेश, छत्तीसगढ़, झारखंड, उत्तराखंड राजस्थान और उत्तर प्रदेश राज्य तथा अंडमान और निकोबार द्वीप समूह, दिल्ली संघ राज्य क्षेत्र अभिप्रेत है;

j. 'क्षेत्र ख' से गुजरात, महाराष्ट्र और पंजाब राज्य तथा चंडीगढ़, दमण और दीव तथा दादरा और नगर हवेली संघ राज्य क्षेत्र अभिप्रेत हैं;

k. 'क्षेत्र ग' से खंड (च) और (छ) में निर्दिष्ट राज्यों और संघ राज्य क्षेत्रों से भिन्न राज्य तथा संघ राज्य क्षेत्र अभिप्रेत है;

l. हिन्दी का कार्यसाधक ज्ञान' से नियम 10 में वर्णित कार्यसाधक ज्ञान अभिप्रेत है ।

Enter Caption

'क्षेत्र क'		'क्षेत्र ख'		'क्षेत्र ग'
'क्षेत्र क' में शामिल 9 राज्य	1. बिहार	'क्षेत्र ख' में शामिल 3 राज्य	1.गुजरात	'क्षेत्र ग' में 'क्षेत्र क' एवं 'क्षेत्र ख' से भिन्न राज्य और संघ राज्य क्षेत्र आते है
	2. हरियाणा		2.महाराष्ट्र	
	3. हिमाचल प्रदेश		3.पंजाब	
	4. मध्य प्रदेश			
	5. छत्तीसगढ़			
	6. झारखंड			
	7. उत्तराखंड			
	8. राजस्थान			
	9. उत्तर प्रदेश			
संघ राज्य क्षेत्र				
'क्षेत्र क' में शामिल 2 संघ राज्य क्षेत्र	1. अंडमान और निकोबार द्वीप समूह	'क्षेत्र क' में शामिल 2 संघ राज्य क्षेत्र	चंडीगढ़,	
	2. दिल्ली		दमण और दीव तथा दादरा और नगर हवेली	

+नियम 3:राज्यों आदि और केन्द्रीय सरकार के कार्यालयों से भिन्न कार्यालयों के साथ पत्रादि-

1. राज्यों आदि और केन्द्रीय सरकार के कार्यालयों से भिन्न कार्यालयों के साथ पत्रादि-

1. केन्द्रीय सरकार के कार्यालय से क्षेत्र 'क' में किसी राज्य या संघ राज्य क्षेत्र को या ऐसे राज्य या संघ राज्य क्षेत्र में किसी कार्यालय (जो केन्द्रीय सरकार का कार्यालय न हो) या व्यक्ति को पत्रादि असाधारण दशाओं को छोड़कर हिन्दी में होंगे और यदि उनमें से किसी को कोई पत्रादि अंग्रेजी में भेजे जाते हैं तो उनके साथ उनका हिन्दी अनुवाद भी भेजा जाएगा।

2. केन्द्रीय सरकार के कार्यालय से--

a. क्षेत्र 'ख' में किसी राज्य या संघ राज्यक्षेत्र को या ऐसे राज्य या संघ राज्य क्षेत्र में किसी कार्यालय (जो केन्द्रीय सरकार का कार्यालय न हो) को पत्रादि सामान्यतया हिन्दी में होंगे और यदि इनमें से किसी को कोई पत्रादि अंग्रेजी में भेजे जाते हैं तो उनके साथ उनका हिन्दी अनुवाद भी भेजा जाएगाः परन्तु यदि कोई ऐसा राज्य या संघ राज्य क्षेत्र यह चाहता है कि किसी विशिष्ट वर्ग या प्रवर्ग के पत्रादि या उसके किसी कार्यालय के लिए आशयित पत्रादि संबद्ध राज्य या संघ राज्यक्षेत्र की सरकार द्वारा विनिर्दिष्ट अवधि तक अंग्रेजी या हिन्दी में भेजे जाएं और उसके साथ दूसरी

Enter Caption

भाषा में उसका अनुवाद भी भेजा जाए तो ऐसे पत्रादि उसी रीति से भेजे जाएंगे ;

b. क्षेत्र 'ख' के किसी राज्य या संघ राज्य क्षेत्र में किसी व्यक्ति को पत्रादि हिन्दी या अंग्रेजी में भेजे जा सकते हैं।

3. केन्द्रीय सरकार के कार्यालय से क्षेत्र 'ग' में किसी राज्य या संघ राज्यक्षेत्र को या ऐसे राज्य में किसी कार्यालय (जो केन्द्रीय सरकार का कार्यालय न हो)या व्यक्ति को पत्रादि अंग्रेजी में होंगे।

4. उप नियम (1) और (2) में किसी बात के होते हुए भी, क्षेत्र 'ग' में केन्द्रीय सरकार के कार्यालय से क्षेत्र 'क'या'ख'में किसी राज्य या संघ राज्यक्षेत्र को या ऐसे राज्य में किसी कार्यालय (जो केन्द्रीय सरकार का कार्यालय न हो) या व्यक्ति को पत्रादि हिन्दी या अंग्रेजी में हो सकते हैं । परन्तु हिन्दी में पत्रादि ऐसे अनुपात में होंगे जो केन्द्रीय सरकार ऐसे कार्यालयों में हिन्दी का कार्यसाधक ज्ञान रखने वाले व्यक्तियों की संख्या,हिन्दी में पत्रादि भेजने की सुविधाओं और उससे आनुषंगिक बातों को ध्यान में रखते हुए समय-समय पर अवधारित करे।

नियम 4: केन्द्रीय सरकार के कार्यालयों के बीच पत्रादि

a. केन्द्रीय सरकार के किसी एक मंत्रालय या विभाग और किसी दूसरे मंत्रालय या विभाग के बीच पत्रादि हिन्दी या अंग्रेजी में हो सकते हैं;

b. केन्द्रीय सरकार के एक मंत्रालय या विभाग और क्षेत्र 'क' में स्थित संलग्न या अधीनस्थ कार्यालयों के बीच पत्रादि हिन्दी में होंगे और ऐसे अनुपात में होंगे जो केन्द्रीय सरकार, ऐसे कार्यालयों में हिन्दी का कार्यसाधक ज्ञान रखने वाले व्यक्तियों की संख्या, हिन्दी में पत्रादि भेजने की सुविधाओं और उससे संबंधित आनुषंगिक बातों को ध्यान में रखते हुए, समय-समय पर अवधारित करे;

c. क्षेत्र 'क' में स्थित केन्द्रीय सरकार के ऐसे कार्यालयों के बीच, जो खण्ड (क) या खण्ड (ख) में विनिर्दिष्ट कार्यालयों से भिन्न हैं, पत्रादि हिन्दी में होंगे;

d. क्षेत्र 'क' में स्थित केन्द्रीय सरकार के कार्यालयों और क्षेत्र 'ख' या 'ग'में स्थित केन्द्रीय सरकार के कार्यालयों के बीच पत्रादि हिन्दी या अंग्रेजी में हो सकते हैं;

परन्तु ये पत्रादि हिन्दी में ऐसे अनुपात में होंगे जो केन्द्रीय सरकार ऐसे कार्यालयों में हिन्दी का कार्यसाधक ज्ञान रखने वाले व्यक्तियों की संख्या,हिन्दी में पत्रादि भेजने की सुविधाओं और उससे आनुषंगिक बातों को ध्यान में रखते हुए समय-समय पर अवधारित करे ;

e. क्षेत्र 'ख' या 'ग' में स्थित केन्द्रीय सरकार के कार्यालयों के बीच पत्रादि हिन्दी या

Enter Caption

अंग्रेजी में हो सकते हैं;

परन्तु ये पत्रादि हिन्दी में ऐसे अनुपात में होंगे जो केन्द्रीय सरकार ऐसे कार्यालयों में हिन्दी का कार्यसाधक ज्ञान रखने वाले व्यक्तियों की संख्या,हिन्दी में पत्रादि भेजने की सुविधाओं और उससे आनुषंगिक बातों को ध्यान में रखते हुए समय-समय पर अवधारित करे ;

परन्तु जहां ऐसे पत्रादि--

i.   क्षेत्र 'क' या क्षेत्र 'ख' किसी कार्यालय को संबोधित हैं वहां यदि आवश्यक हो तो, उनका दूसरी भाषा में अनुवाद, पत्रादि प्राप्त करने के स्थान पर किया जाएगा;

ii. क्षेत्र 'ग' में किसी कार्यालय को संबोधित है वहां, उनका दूसरी भाषा में अनुवाद, उनके साथ भेजा जाएगा;

परन्तु यह और कि यदि कोई पत्रादि किसी अधिसूचित कार्यालय को संबोधित है तो दूसरी भाषा में ऐसा अनुवाद उपलब्ध कराने की अपेक्षा नहीं की जाएगी ।

नियम 3 एवं नियम 4 से सम्बंधित नियमो की कुछ प्रमुख बातो को निचे दिए टेबल में पुनः दिया हुआ है

से	को	पत्रादि की भाषा
केन्द्रीय सरकार के कार्यालय से	क्षेत्र 'क' में किसी राज्य	असाधारण दशाओं को छोड़कर हिन्दी में होंगे और यदि उनमें से किसी को कोई पत्रादि अंग्रेजी में भेजे जाते हैं तो उनके साथ उनका हिन्दी अनुवाद भी भेजा जाएगा।
	क्षेत्र 'क' में किसी संघ राज्य क्षेत्र को	
	क्षेत्र 'क' में व्यक्ति को	
	क्षेत्र 'क' में ऐसे राज्य या संघ राज्य क्षेत्र में किसी कार्यालय (जो केन्द्रीय सरकार का कार्यालय न हो)	
	क्षेत्र 'ख' में किसी राज्य	पत्रादि सामान्यतया हिन्दी में होंगे यदि इनमें से किसी को कोई पत्रादि अंग्रेजी में भेजे जाते हैं तो उनके साथ उनका हिन्दी अनुवाद भी भेजा जाएगा।
	क्षेत्र 'ख' में किसी संघ राज्यक्षेत्र को	
	क्षेत्र 'ख' के किसी व्यक्ति को पत्रादि	
	क्षेत्र 'ख' में ऐसे राज्य या संघ राज्य क्षेत्र में किसी कार्यालय (जो केन्द्रीय सरकार का कार्यालय न हो)	
	क्षेत्र 'ग' में किसी राज्य या संघ राज्यक्षेत्र को	पत्रादि अंग्रेजी में होंगे।
	क्षेत्र 'ग' में किसी व्यक्ति को	
	क्षेत्र 'ग' में किसी राज्य या संघ राज्यक्षेत्र को या ऐसे राज्य में किसी कार्यालय (जो केन्द्रीय सरकार का कार्यालय न हो	
केन्द्रीय सरकार के किसी एक मंत्रालय या विभाग से	किसी दूसरे मंत्रालय या विभाग के बीच पत्रादि	हिन्दी या अंग्रेजी में
केन्द्रीय सरकार के किसी एक मंत्रालय या विभाग	क्षेत्र 'क' में स्थित संलग्न या अधीनस्थ कार्यालयों के बीच	पत्रादि हिन्दी में होंगे
क्षेत्र 'क' में स्थित केन्द्रीय सरकार के कार्यालयों	क्षेत्र 'ख' या 'ग'में स्थित केन्द्रीय सरकार के कार्यालयों के बीच	पत्रादि हिन्दी या अंग्रेजी में हो सकते हैं;
क्षेत्र 'ख' या 'ग' में स्थित केन्द्रीय सरकार के कार्यालयों से	क्षेत्र 'ख' या 'ग' में स्थित केन्द्रीय सरकार के कार्यालयों के बीच	पत्रादि हिन्दी या अंग्रेजी में हो सकते हैं;

Enter Caption

नियम 5: हिन्दी में प्राप्त पत्रादि के उत्तर

नियम 3 और नियम 4 में किसी बात के होते हुए भी, हिन्दी में पत्रादि के उत्तर केन्द्रीय सरकार के कार्यालय से हिन्दी में दिए जाएंगे

नियम 6:हिन्दी और अंग्रेजी दोनों का प्रयोग

अधिनियम की धारा 3 की उपधारा (3) में निर्दिष्ट सभी दस्तावेजों के लिए हिन्दी और अंग्रेजी दोनों का प्रयोग किया जाएगा और **ऐसे दस्तावेजों पर हस्ताक्षर करने वाले व्यक्तियों का यह उत्तरदायित्व होगा कि वे यह सुनिश्चित कर लें कि ऐसी दस्तावेजें हिन्दी और अंग्रेजी दोनों** ही में तैयार की जाती हैं, निष्पादित की जाती हैं और जारी की जाती हैं।

नियम 7: आवेदन, अभ्यावेदन आदि

1. **कोई कर्मचारी आवेदन, अपील या अभ्यावेदन हिन्दी या अंग्रेजी में कर सकता है।**

2. जब उपनियम (1) में विनिर्दिष्ट कोई आवेदन, अपील या अभ्यावेदन हिन्दी में किया गया हो या उस पर हिन्दी में हस्ताक्षर किए गए हों, तब उसका उत्तर हिन्दी में दिया जाएगा।

3. यदि कोई कर्मचारी यह चाहता है कि सेवा संबंधी विषयों (जिनके अन्तर्गत अनुशासनिक कार्यवाहियां भी हैं) से संबंधित कोई आदेश या सूचना,जिसका कर्मचारी पर तामील किया जाना अपेक्षित है, यथास्थिति, हिन्दी या अंग्रेजी में होनी चाहिए तो वह उसे असम्यक विलम्ब के बिना उसी भाषा में दी जाएगी।

Enter Caption

नियम 8: केन्द्रीय सरकार के कार्यालयों में टिप्पणों का लिखा जाना

1. **कोई कर्मचारी किसी फाइल पर टिप्पण या कार्यवृत्त हिंदी या अंग्रेजी में लिख सकता है** और उससे यह अपेक्षा नहीं की जाएगी कि वह उसका अनुवाद दूसरी भाषा में प्रस्तुत करे।

2. केन्द्रीय सरकार का कोई भी कर्मचारी, जो हिन्दी का कार्यसाधक ज्ञान रखता है, हिन्दी **में किसी दस्तावेज के अंग्रेजी अनुवाद की मांग तभी कर सकता है, जब वह दस्तावेज विधिक या तकनीकी प्रकृति** का है, अन्यथा नहीं।

3. यदि यह प्रश्न उठता है कि कोई विशिष्ट दस्तावेज विधिक या तकनीकी प्रकृति का है या नहीं **तो विभाग या कार्यालय का प्रधान उसका विनिश्चय करेगा।**

4. उपनियम (1) में किसी बात के होते हुए भी, केन्द्रीय सरकार, आदेश द्वारा ऐसे अधिसूचित कार्यालयों को विनिर्दिष्ट कर सकती है जहां ऐसे कर्मचारियों द्वारा,जिन्हें हिन्दी में प्रवीणता प्राप्त है, टिप्पण, प्रारूपण और ऐसे अन्य शासकीय प्रयोजनों के लिए, जो आदेश में विनिर्दिष्ट किए जाएं, केवल हिन्दी का प्रयोग किया जाएगा ।

नियम 9: हिन्दी में प्रवीणता---

1. यदि किसी कर्मचारी ने-

    a. **मैट्रिक परीक्षा या उसकी समतुल्य या उससे उच्चतर कोई परीक्षा हिन्दी के** माध्यम से उत्तीर्ण कर ली है;या

    b. स्नातक परीक्षा में अथवा स्नातक परीक्षा की समतुल्य या उससे उच्चतर किसी अन्य परीक्षा में हिन्दी को एक वैकल्पिक विषय के रूप में लिया हो; या

    c. यदि वह इन नियमों से उपाबद्ध प्ररूप में यह घोषणा करता है कि उसे हिन्दी में प्रवीणता प्राप्त है;
    तो उसके बारे में यह समझा जाएगा कि उसने हिन्दी में प्रवीणता प्राप्त कर ली है

Enter Caption

नियम 10: हिन्दी का कार्यसाधक ज्ञान

1. यदि किसी कर्मचारी ने-

   a. मैट्रिक परीक्षा या उसकी समतुल्य या उससे उच्चतर परीक्षा हिन्दी विषय के साथ उत्तीर्ण कर ली है; या

   b. केन्द्रीय सरकार की हिन्दी परीका योजना के अन्तर्गत आयोजित प्राज्ञ परीक्षा या यदि उस सरकार द्वारा किसी विशिष्ट प्रवर्ग के पदों के सम्बन्ध में उस योजना के अन्तर्गत कोई निम्नतर परीक्षा विनिर्दिष्ट है, वह परीक्षा उत्तीर्ण कर ली है;या

   c. केन्द्रीय सरकार द्वारा उस निमित विनिर्दिष्ट कोई अन्य परीक्षा उत्तीर्ण कर ली है; या

   d. यदि वह इन नियमों से उपाबद्ध प्ररूप में यह घोषणा करता है कि उसने ऐसा ज्ञान प्राप्त कर लिया है;
   तो उसके बारे में यह समझा जाएगा कि उसने हिन्दी का कार्यसाधक ज्ञान प्राप्त कर लिया है।

2. यदि केन्द्रीय सरकार के किसी कार्यालय में कार्य करने वाले कर्मचारियों में से अस्सी प्रतिशत ने हिन्दी का ऐसा ज्ञान प्राप्त कर लिया है तो उस कार्यालय के कर्मचारियों के बारे में सामान्यतया यह समझा जाएगा कि उन्होंने हिन्दी का कार्यसाधक ज्ञान प्राप्त कर लिया है।

3. केन्द्रीय सरकार या केन्द्रीय सरकार द्वारा इस निमित विनिर्दिष्ट कोई अधिकारी यह अवधारित कर सकता है कि केन्द्रीय सरकार के किसी कार्यालय के कर्मचारियों ने हिन्दी का कार्यसाधक ज्ञान प्राप्त कर लिया है या नहीं।

4. केन्द्रीय सरकार के जिन कार्यालयों में कर्मचारियों ने हिन्दी का कार्यसाधक ज्ञान प्राप्त कर लिया है उन कार्यालयों के नाम राजपत्र में अधिसूचित किए जाएंगे;

   परन्तु यदि केन्द्रीय सरकार की राय है कि किसी अधिसूचित कार्यालय में काम करने वाले और हिन्दी का कार्यसाधक ज्ञान रखने वाले कर्मचारियों का प्रतिशत किसी तारीख में से
   उपनियम (2) में विनिर्दिष्ट प्रतिशत से कम हो गया है, तो वह राजपत्र में अधिसूचना द्वारा घोषित कर सकती है कि उक्त कार्यालय उस तारीख से अधिसूचित कार्यालय नहीं रह जाएगा ।

Enter Caption

नियम 11: मैनुअल, संहिताएं, प्रक्रिया संबंधी अन्य साहित्य, लेखन सामग्री आदि

1. केन्द्रीय सरकार के कार्यालयों से संबंधित सभी मैनुअल, संहिताएं और प्रक्रिया संबंधी अन्य साहित्य, हिन्दी और अंग्रेजी में द्विभाषिक रूप में यथास्थिति, मुद्रित या साइक्लोस्टाइल किया जाएगा और प्रकाशित किया जाएगा।

2. केन्द्रीय सरकार के किसी कार्यालय में प्रयोग किए जाने वाले रजिस्टरों के प्ररूप और शीर्षक हिन्दी और अंग्रेजी में होंगे।

3. केन्द्रीय सरकार के किसी कार्यालय में प्रयोग के लिए सभी नामपट्ट, सूचना पट्ट, पत्रशीर्ष और लिफाफों पर उत्कीर्ण लेख तथा लेखन सामग्री की अन्य मदें हिन्दी और अंग्रेजी में लिखी जाएंगी, मुद्रित या उत्कीर्ण होंगी;
परन्तु यदि केन्द्रीय सरकार ऐसा करना आवश्यक समझती है तो वह, साधारण या विशेष आदेश द्वारा, केन्द्रीय सरकार के किसी कार्यालय को इस नियम के सभी या किन्हीं उपबन्धों से छूट दे सकती है।

Enter Caption

नियम 12: अनुपालन का उत्तरदायित्व

1. केन्द्रीय सरकार के प्रत्येक कार्यालय के प्रशासनिक प्रधान का यह उत्तरदायित्व होगा कि वह--

    i. यह सुनिश्चित करे कि अधिनियम और इन नियमों के उपबंधों और उपनियम (2) के अधीन जारी किए गए निदेशों का समुचित रूप से अनुपालन हो रहा है;और

    ii. इस प्रयोजन के लिए उपयुक्त और प्रभावकारी जांच के लिए उपाय करे ।

2. केन्द्रीय सरकार अधिनियम और इन नियमों के उपबन्धों के सम्यक अनुपालन के लिए अपने कर्मचारियों और कार्यालयों को समय-समय पर आवश्यक निदेश जारी कर सकती है ।

Enter Caption

राजभाषा नियम 1976 से सम्बंधित बहुविकल्पीय प्रश्न

1. राजभाषा नियम कब पारित हुआ ?

   क 1976 में **उत्तर**　　　　　　　　　　ग 1978 में

   ख 1977 में　　　　　　　　　　　　　घ 1979 में

2. राजभाषा नियम 1976 में कुल कितने नियम है ?

   क 9 नियम　　　　　　　　　　　　　ग 10 नियम

   ख 11 नियम　　　　　　　　　　　　　घ 12 नियम **उत्तर**

3. राजभाषा नियम 1976 कब संशोधित हुआ?

   क 1977　　　ग 1997

   ख 1988　　　घ राजभाषा नियम 1976-, तीन बार 1987,2007 तथा 2011 में संशोधित हुआ था। **उत्तर**

4. राजभाषा नियम 1976 में नियम 1 किससे सम्बंधित है -

   क संक्षिप्त नाम, विस्तार और प्रारम्भ **उत्तर**　　ग अनुपालन का उत्तरदायित्व

   ख हिन्दी का कार्यसाधक ज्ञान　　　　　　　घ परिभाषाएं

5. राजभाषा नियम 1976 में नियम 1 में क्या उल्लेख है?

   क इन नियमों का संक्षिप्त नाम राजभाषा (संघ के शासकीय प्रयोजनों के लिए प्रयोग) नियम, 1976 है।

   ख इनका विस्तार, तमिलनाडु राज्य के सिवाय सम्पूर्ण भारत पर है।

   ग राजभाषा नियम 1976 -राजपत्र में प्रकाशन की तारीख को प्रवृत होंगे।

   घ उपर्युक्त सभी **उत्तर**

6. राजभाषा नियम 1976 में नियम 2 किससे सम्बंधित है -

   क संक्षिप्त नाम, विस्तार और प्रारम्भ से　　　ग अनुपालन का उत्तरदायित्व से

   ख हिन्दी का कार्यसाधक ज्ञान से　　　　　　घ परिभाषाओं से **उत्तर**

7. राजभाषा नियम 1976 में नियम 2 में क्या है?

   क 'अधिनियम'का अर्थ

   ख 'केन्द्रीय सरकार के कार्यालय' है।

   ग देश के समस्त राज्यों और केंद्रशाषित प्रदेशों 'का वर्गीकरण

   घ उपर्युक्त सभी **उत्तर**

8. राजभाषा नियम 1976 के अनुसार केंद्रीय सरकार के किसी एक मंत्रालय या विभाग और किसी दूसरे मंत्रालय या विभाग के बीच पत्राचार किस भाषा में किया जा सकता है ?

   क अंग्रेजी में　　　　　　　　　ग हिन्दी या अंग्रेजी में **उत्तर**

   ख हिन्दी और अंग्रेजी द्विभाषी रूप　घ हिन्दी में

9. राजभाषा नियम 1976 के) के अनुसार केंद्रीय सरकार के कार्यालयों से क्षेत्र क में किसी राज्य या संघ राज्य क्षेत्र या व्यक्ति को पत्र किस भाषा में भेजा जाएगा ?

Enter Caption

क अंग्रेजी में ग हिन्दी या अंग्रेजी में
ख हिन्दी और अंग्रेजी द्विभाषी रूप घ असाधारण दशाओं को छोड़कर हिन्दी में होंगे
उत्तर

10. राजभाषा नियम 1976 में नियम 5 में क्या उल्लेख है?
   क इन नियमों का संक्षिप्त नाम राजभाषा (संघ के शासकीय प्रयोजनों के लिए प्रयोग) नियम, 1976 है।
   ख इनका विस्तार, तमिलनाडु राज्य के सिवाय सम्पूर्ण भारत पर है।
   ग हिन्दी में पत्रादि के उत्तर केन्द्रीय सरकार के कार्यालय से हिन्दी में दिए जाएंगे
   उत्तर
   घ उपर्युक्त सभी

11. राजभाषा नियम 1976 के किस नियम के अनुसार हिन्दी में प्राप्त पत्रादि के उत्तर हिन्दी में दिए जायेंगे?
   क नियम-3 ग नियम-4
   ख नियम-5 **उत्तर** घ नियम-6

12. नियम-5 के अनुसार हिन्दी में हस्ताक्षरित पत्रों का उत्तर किस भाषा में दिया जाना चाहिए ?
   क हिन्दी और अंग्रेजी दोनो ग अंग्रेजी में
   ख हिन्दी में **उत्तर** घ स्थानीय भाषा में

13. राजभाषा नियम 1976 में नियम 6 में क्या उल्लेख है?
   क अधिनियम की धारा 3 की उपधारा (3) में निर्दिष्ट सभी दस्तावेजों के लिए हिन्दी और अंग्रेजी दोनों का प्रयोग किया जाएगा
   ख अधिनियम की धारा 3 की उपधारा (3) में निर्दिष्ट सभी दस्तावेजों पर हस्ताक्षर करने वाले व्यक्तियों का यह उत्तरदायित्व होगा कि वे यह सुनिश्चित कर लें कि ऐसी दस्तावेजें हिन्दी और अंग्रेजी दोनों ही में तैयार की जाती हैं
   ग अधिनियम की धारा 3 की उपधारा (3) में निर्दिष्ट सभी दस्तावेजों पर हस्ताक्षर करने वाले व्यक्तियों का यह उत्तरदायित्व होगा कि वे यह सुनिश्चित कर लें कि ऐसी दस्तावेजें हिन्दी और अंग्रेजी दोनों ही निष्पादित की जाती हैं और जारी की जाती हैं
   घ उपर्युक्त सभी **उत्तर**

14. राजभाषा नियम 1976 में नियम 7 में क्या उल्लेख है?
   क कोई कर्मचारी आवेदन, अपील या अभ्यावेदन हिन्दी या अंग्रेजी में कर सकता है।
   ख कोई आवेदन, अपील या अभ्यावेदन हिन्दी में किया गया हो या उस पर हिन्दी में हस्ताक्षर किए गए हों, तब उसका उत्तर हिन्दी में दिया जाएगा।
   ग यदि कोई कर्मचारी यह चाहता है कि सेवा संबंधी विषयों (जिनके अन्तर्गत अनुशासनिक कार्यवाहियां भी हैं) से संबंधित कोई आदेश या सूचना,जिसका कर्मचारी पर तामील किया जाना अपेक्षित है, यथास्थिति, हिन्दी या अंग्रेजी में होनी चाहिए

Enter Caption

तो वह उसे असम्यक विलम्ब के बिना उसी भाषा में दी जाएगी।

घ   उपर्युक्त सभी **उत्तर**

---

15. राजभाषा नियम 1976 में नियम 8 किससे सम्बंधित है -

क संक्षिप्त नाम, विस्तार और प्रारम्भ से   ग   अनुपालन का उत्तरदायित्व से

ख केन्द्रीय सरकार के कार्यालयों में टिप्पणों   घ   परिभाषाओं से

   का लिखा जाना - **उत्तर**

---

16. राजभाषा नियम 1976 में नियम 8 में क्या उल्लेख है?

क   कोई कर्मचारी किसी फाइल पर टिप्पण या कार्यवृत्त हिंदी या अंग्रेजी में लिख

सकता है और उससे यह अपेक्षा नहीं की जाएगी कि वह उसका अनुवाद दूसरी

भाषा में प्रस्तुत करे।

ख   केन्द्रीय सरकार का कोई भी कर्मचारी, जो हिन्दी का कार्यसाधक ज्ञान रखता है,

हिन्दी में किसी दस्तावेज के अंग्रेजी अनुवाद की मांग तभी कर सकता है, जब

वह दस्तावेज विधिक या तकनीकी प्रकृति का है, अन्यथा नहीं।

ग   कोई विशिष्ट दस्तावेज विधिक या तकनीकी प्रकृति का है या नहीं तो विभाग या

कार्यालय का प्रधान उसका विनिश्चय करेगा।

घ   केन्द्रीय सरकार, आदेश द्वारा ऐसे अधिसूचित कार्यालयों को विनिर्दिष्ट कर

सकती है जहां ऐसे कर्मचारियों द्वारा,जिन्हें हिन्दी में प्रवीणता प्राप्त है, टिप्पण,

प्रारूपण और ऐसे अन्य शासकीय प्रयोजनों के लिए, जो आदेश में विनिर्दिष्ट

किए जाएं, केवल हिन्दी का प्रयोग किया जाएगा ।

ङ   उपर्युक्त सभी **उत्तर**

---

17. राजभाषा नियम 8 (1) के अनुसार केन्द्रीय सरकार के कार्यालयों में कोई की कर्मचारी

किसी फाईल पर टिप्पणी या कार्यवृत्त किस भाषा में लिख सकता है।

क अंग्रेजी में   ग हिन्दी या अंग्रेजी में **उत्तर**

ख हिन्दी और अंग्रेजी द्विभाषी रूप   घ भाषायी क्षेत्र के आधार पर

---

18. राजभाषा नियम 8 (3) के अनुसार कोई भी दस्तावेज विधिक या तकनीकी प्रकृति का है

या नहीं इसका विनिश्चय कौन करेगा ?

क   राजभाषा विभाग

ख   राज्य सरकार

ग   विभाग या कार्यालय का प्रधान **उत्तर**

घ   केन्द्रीय सरकार

---

19. राजभाषा नियम 1976 में नियम 9 किससे सम्बंधित है -

क हिन्दी में प्रवीणता से **उत्तर**   ग   हिन्दी का कार्यसाधक ज्ञान से

ख क, ख और ग वर्गों से   घ   परिभाषाओं से

---

20. यदि कोई कर्मचारी हिन्दी में प्रवीण तब माना जायेगा जब

क   मैट्रिक परीक्षा या उसकी समतुल्य या उससे उच्चतर कोई परीक्षा हिन्दी के

माध्यम से उत्तीर्ण कर ली है

Enter Caption

ख क, ख और ग वर्गों से	घ मैनुअल, संहिताएं, प्रक्रिया संबंधी अन्य साहित्य, लेखन सामग्री आदि-- **उत्तर**

27. किससे संबंधित सभी मैनुअल, संहिताएं और प्रक्रिया संबंधी अन्य साहित्य, हिन्दी और अंग्रेजी में द्विभाषिक रूप में यथास्थिति, मुद्रित या साइक्लोस्टाइल किया जाएगा और प्रकाशित किया जाएगा।

क केन्द्रीय सरकार के कार्यालयों से **उत्तर**	ग सभी संघ राज्य क्षेत्र के कार्यालयों से
ख सभी राज्य सरकार के कार्यालयों से	घ उपर्युक्त सभी सत्य हैं

28. राजभाषा हिंदीतर राज्यों में बोर्ड, साइन बोर्ड, नामपट्ट तथा दिशा संकेतकों के लिए क्षेत्रीय भाषा, हिंदी तथा अंग्रेजी, किस क्रम में, प्रयोग की जानी चाहिए?

क पहले हिंदी, फिर अंग्रेजी तथा उसके बाद क्षेत्रीय भाषा	ग पहले हिंदी, फिर क्षेत्रीय भाषा तथा उसके बाद अंग्रेजी
ख पहले अंग्रेजी, फिर हिंदी तथा उसके बाद क्षेत्रीय भाषा	घ पहले क्षेत्रीय भाषा, फिर हिंदी तथा उसके बाद अंग्रेजी **उत्तर**

29. राजभाषा नियम 11 (3) के अनुसार केन्द्रीय सरकार के किसी कार्यालय में प्रयोग के लिए नामपट्ट सूचनापट्ट पत्रशीर्ष और लिफाफों पर उत्कीर्ण लेख तथा लेखन सामग्री की अन्य मदे किस भाषा में मुद्रित या उत्कीर्ण होनी चाहिए ?

क अंग्रेजी में	ग हिन्दी
ख हिन्दी और अंग्रेजी द्विभाषी रूप **उत्तर**	घ भाषायी क्षेत्र के आधार पर

30. राजभाषा नियम 1976 के नियम 11 (2) के अनुसार केंद्र सरकार के किसी कार्यालय में प्रयोग किए जाने वाले रजिस्टरों के प्रारूप और शीर्षक किस भाषा में लिखे जाने चाहिए ?

क अंग्रेजी में	ग हिन्दी
ख हिन्दी और अंग्रेजी द्विभाषी रूप **उत्तर**	घ भाषायी क्षेत्र के आधार पर

31. राजभाषा नियम 1976 में नियम 12 किससे सम्बंधित है -

क संक्षिप्त नाम, विस्तार और प्रारम्भ से	ग अनुपालन का उत्तरदायित्व से **उत्तर**
ख केन्द्रीय सरकार के कार्यालयों में टिप्पणों का लिखा जाना -	घ परिभाषाओं से

32. राजभाषा अधिनियम एवं राजभाषा नियम 1976 के अनुपालन के लिए जिम्मेदार कौन हैं ?

क राज्य पाल	ग गृहमन्त्री
ख केन्द्रीय सरकार के प्रत्येक कार्यालय के प्रशासनिक प्रधान **उत्तर**	घ राजभाषा विभाग

33. किसमें देश के समस्त राज्यों और केंद्रशासित प्रदेशों को वर्गों में बांटा गया है

श्वेता मिश्रा

Enter Caption

ख बिहार, हरियाणा, हिमाचल प्रदेश, मध्य प्रदेश,

ग छत्तीसगढ़, राजस्थान और उत्तर प्रदेश

घ झारखंड, उत्तराखंड

---

41. ग (सी)क्षेत्र में निम्नलिखित में से कौन सा राज्य आता है

क गुजरात, महाराष्ट्र और पंजाब राज्य

ख बिहार, हरियाणा, हिमाचल प्रदेश, मध्य प्रदेश,

ग ओडिसा ,आंध्र प्रदेश, सिक्किम **उत्तर**

घ झारखंड, उत्तराखंड

---

42. राजभाषा नियम के अनुसार चंडीगढ़ संघ राज्य क्षेत्र किस क्षेत्र में आता है?

क क क्षेत्र में

ख ख क्षेत्र में **उत्तर**

ग ग क्षेत्र में

घ घ क्षेत्र में

---

43. राजभाषा नियम के अनुसार दिल्ली संघ राज्य क्षेत्र किस क्षेत्र में आता है?

क क क्षेत्र में **उत्तर**

ख ख, क्षेत्र में

ग ग क्षेत्र में

घ घ क्षेत्र में

---

44. दमण और दीव तथा दादरा और नगर हवेली संघ राज्य क्षेत्र किस क्षेत्र में आता है?

क क क्षेत्र में	ग	ग क्षेत्र में
ख ख, क्षेत्र में **उत्तर**	घ	घ क्षेत्र में

---

45. राजभाषा नियम 1976 के अनुसार निम्न में कौन राज्य 'ग क्षेत्र में नही है ?

एलडीसीई-२०२२/एडब्लूएम् प्रश्न आई डी:- 833

क असम	ग	तमिलनाडु
ख महाराष्ट्र **उत्तर**	घ	सिक्किम

---

46. राजभाषा नियम 1976 के अनुसार निम्न में कौन राज्य क क्षेत्र में नही है ?

एलडीसीई-२०२२/एडब्लूएम् प्रश्न आई डी:- 843

क उत्तर प्रदेश	ग	छत्तीसगढ़
ख मध्य प्रदेश	घ	पंजाब **उत्तर**

---

47. राजभाषा नियम के अनुसार, अंदमान व निकोबार द्वीप किस क्षेत्र में आता है?

एलडीसीई-२०२२/ एडएन प्रश्न आई डी:- 488

क घ क्षेत्र में	ग	ख क्षेत्र में
ख ग क्षेत्र में	घ	क क्षेत्र में **उत्तर**

---

48. किसी भाषा को राज्य की अधिकारिक भाषा के रूप में अपनाने का अधिकार किसे है

एलडीसीई-२०२२/ एडएन प्रश्न आई डी:- 482

क संसद के दोनों सदनों को	ग	राष्ट्रपति को

Enter Caption

ख   राज्य विधायिका को   **उत्तर**   घ   प्रधानमंत्री को

49. राजभाषा नियम 1976 के नियम 11 के अनुसार मैनुअल, संहिताएं, प्रक्रिया संबंधित अन्य साहित्य, लेखन सामग्री आदि किन भाषाओं में होनी चाहिए

एलडीसीई-२०२२/ एइएन प्रश्न आई डी:- 489

क   हिंदी और स्थानीय भाषा   ग   केवल अंग्रेजी

ख   हिंदी और अंग्रेजी **उत्तर**   घ   केवल हिंदी

50. "क" क्षेत्र में स्थित केंद्र सरकार के एक कार्यालय से "क" क्षेत्र में स्थित राज्य सरकार के कार्यातयों को हिन्दी में मूल पत्राचार का लक्ष्य क्या है

एलडीसीई-२०२२/ एइएन प्रश्न आई डी:- 490

क 50 %   ग   75 %

ख 60 %   घ   100 % **उत्तर**

51. यदि किसी कर्मचारी ने हिन्दी माध्यम से मैट्रिक या कोई समकक्ष परीक्षा या उच्चतर परीक्षा पास की हो तो उसके हिन्दी ज्ञान को क्या समझा जाएगा

एलडीसीई-२०२२/ एइएन प्रश्न आई डी:- 495

क   प्रवीण स्तर **उत्तर**   ग   प्रारंभिक स्तर

ख   प्राज्ञ स्तर   घ   कार्यसाधक स्तर

52. हिंदी में प्रवीणता प्राप्त कर्मचारी किसे कहा जाता है?   *(NAIR/LDCE/2022/AOM)*

क   प्राइमरी स्तर पर हिंदी का ज्ञान   ग   मैट्रिक स्तर पर हिंदी का ज्ञान

ख   प्राइमरी स्तर की परीक्षा हिंदी   घ   मैट्रिक स्तर की परीक्षा हिंदी माध्यम से
माध्यम से उत्तीर्ण   उत्तीर्ण- **उत्तर**

53. निम्नलिखित में से कौन सा एक विकल्प सही मेल खाता है, जो देश के राज्यों/केंद्रशासित प्रदेशों को हिंदी बोली जाने और लिखे जाने की आधार पर 'A', 'B' और 'C' क्षेत्रों में चिह्नित किए गए संदर्भ में है ?   *(NAIR/LDCE/2022/AFA)*

क   दमन और दीव रीजन- क्षेत्र A   ग   पंजाब- क्षेत्र C

ख   कर्नाटक- क्षेत्र B   घ   अंडमान और निकोबार आईलैंड- क्षेत्र A
उत्तर

54. राजभाषा नियमों की कुल संख्या कितनी है?   *(NAIR/LDCE/2022/AFA)*

क   10   ग   14

ख   12 **उत्तर**   घ   16

55. हिंदी में प्राप्त पत्राचार का उत्तर केवल केंद्र सरकार के कार्यालयों द्वारा हिंदी में दिया जाना है यह राजभाषा नियमों के निम्नलिखित में से किस नियम द्वारा अनिवार्य है?

(NAIR/LDCE/2022/AFA)

क   नियम 11   ग   नियम 5 **उत्तर**

ख   नियम 10   घ   नियम 6

56. केंद्र सरकार के कार्यालयों को अधिकारिक राजपत्र में कार्यालयों के नाम अधिसूचित करने की आवश्यकता होती है जहां 80% कर्मचारियों ने हिंदी का कार्य साधक ज्ञान प्राप्त

Enter Caption

कर लिया है यह राजभाषा नियमों के निम्नलिखित में से किस नियम द्वारा अनिवार्य है ?

(NAIR/LDCE/2022/AFA)

क नियम 11(4)   ग नियम 8(4)

ख नियम 12(2)   घ नियम 10(4) **उत्तर**

57. राजभाषा नियम 1976 में प्रथम संशोधन किस वर्ष में किया गया था?

(NAIR/LDCE/2022/ACM)

क 1987 **उत्तर**   ग 1989

ख 1988   घ 1990

58. कर्मचारी के कार्य साधक ज्ञान की परिभाषा किस नियम के अंतर्गत दी गई है ?

(NAIR/LDCE/2022/AEE)

क राजभाषा नियम 1976 के नियम 8 के अंतर्गत

ख राजभाषा नियम 1976 के नियम 9 के अंतर्गत

ग राजभाषा नियम 1976 के नियम10 के अंतर्गत **उत्तर**

घ दिए गए विकल्पों में से कोई नहीं

59. राजभाषा के प्रयोजन के लिए अपने देश को कितने क्षेत्रों में बांटा गया है ?

(NAIR/LDCE/2022/AEE)

क तीन क्षेत्रों में **उत्तर**

ख चार क्षेत्रों में

ग दो क्षेत्रों में

घ पांच क्षेत्रों में

60. ख क्षेत्र के अंतर्गत आने वाला राज्य है ।   *(NAIR/LDCE/2022/AEE)*

क हिमाचल प्रदेश

ख पंजाब **उत्तर**

ग उत्तर प्रदेश

घ हरियाणा

61. क क्षेत्र के अंतर्गत आने वाला राज्य है ।   *(NAIR/LDCE/2022/AEE)*

क महाराष्ट्र

ख कर्नाटक

ग छत्तीसगढ़ **उत्तर**

घ आंध्र प्रदेश

62. एक कर्मचारी को हिंदी का कार्यसाधक ज्ञान प्राप्त करने वाला माना जाएगा यदि उसने उत्तीर्ण किया है:

(A) मैट्रिक या समकक्ष या उच्च परीक्षा जिसमें हिंदी एक विषय के रूप में है, या

(B) यदि उसने हिंदी का कार्यसाधक ज्ञान प्राप्त करने की घोषणा की है

(APO-2022-NAIR-LDCE)

Enter Caption

क	केवल (A) सही है	ग	(A) और (B) दोनों सही हैं **उत्तर**
ख	केवल (B) सही है	घ	(A) और (B) दोनों गलत हैं

63. राजभाषा नियम 1976 के तहत:

(A) "क्षेत्र क" का अर्थ बिहार, हरियाणा, हिमाचल प्रदेश, मध्य प्रदेश, छत्तीसगढ़, झारखंड, उत्तराखंड, राजस्थान और उत्तर प्रदेश राज्यों और दिल्ली और अंडमान और निकोबार द्वीप समूह के केंद्र शासित प्रदेशों से है और

(B) "क्षेत्र ख" का अर्थ है गुजरात, महाराष्ट्र और पंजाब राज्य और केंद्र शासित प्रदेश चंडीगढ़, दमन और दीव और दादरा और नगर हवेली

(APO-2022-NAIR-LDCE)

क	केवल (A) सही है	ग	(A) और (B) दोनों सही हैं **उत्तर**
ख	केवल (B) सही है	घ	(A) और (B) दोनों गलत हैं

64. राजभाषा नियम 1976 के नियम 12 के अनुसार कार्यालय में राजभाषा नीति के कार्यान्वयन के लिए कौन जिम्मेदार है ? *(APO-2022-NAIR-LDCE)*

क	राजभाषा अधिकारी	ग	विभागीय प्रमुख
ख	कार्यालय के प्रमुख **उत्तर**	घ	इनमें से कोई नहीं

65. इनमें से किस प्रावधान के अनुसार केंद्र सरकार के कार्यालयों द्वारा हिंदी में पत्राचार के उत्तर हिंदी में भेजे जाने चाहिए? *(APO-2022-NAIR-LDCE)*

क	राजभाषा नियम का नियम 5 **उत्तर**	ग	संविधान का अनुच्छेद 340
ख	राजभाषा अधिनियम 1963 का नियम 5	घ	इनमें से कोई नहीं

66. केंद्र सरकार के कार्यालय के कर्मचारियों को आमतौर पर हिंदी का कार्यसाधक ज्ञान प्राप्त करने वाला माना जाएगा यदि उस कार्यालय के ....% कर्मचारियों ने ऐसा ज्ञान प्राप्त कर लिया हो ? *(APO-2022-NAIR-LDCE)*

क	40	ग	75
ख	50	घ	80 **उत्तर**

67. केंद्र सरकार के कार्यालय का नाम राजपत्र में कब हिंदी का कार्यसाधक ज्ञान प्राप्त कर लेने के लिए अधिसूचित किया जाएगा? *(ASTE-2022-NAIR-LDCE)*

क	70% कर्मचारियों ने हिंदी का कार्यसाधक ज्ञान प्राप्त कर लिया है	ग	जब 90% कर्मचारियों ने हिंदी का कार्यसाधक ज्ञान प्राप्त कर लिया है।
ख	जब 80% कर्मचारियों ने हिंदी का कार्यसाधक ज्ञान प्राप्त कर लिया है **उत्तर**	घ	जब 100% कर्मचारियों ने हिंदी का कार्यसाधक ज्ञान प्राप्त कर लिया है

68. *राजभाषा नियम 1976 में कितने नियम है?* *(ASTE-2022-NAIR-LDCE)*

क	9	ग	12 **उत्तर**
ख	10	घ	14

श्वेता मिश्रा

Enter Caption

श्वेता मिश्रा

Enter Caption

69. यदि कर्मचारियों में मैट्रिक या समकक्ष या उच्च परीक्षा में हिंदी एक विषय के रूप में उत्तीर्ण की है तो उसे क्या माना जाएगा ? *(ASTE-2022-NAIR-LDCE)*

    क हिंदी में प्रवीणता   ग हिंदी में योग्यता

    ख हिंदी में कार्य साधक ज्ञान *उत्तर*   घ हिंदी में महारत

70. राजभाषा नियमों के अनुसार भारत को कितने क्षेत्रों में वर्गीकृत किया गया है? *(ASTE-2022-NAIR-LDCE)*

    क 2   ग 4

    ख 3 *उत्तर*   घ 5

71. राजभाषा नियमों के अनुसार गुजरात राज्य को किस क्षेत्र के अंतर्गत वर्गीकृत किया गया है? *(ASTE-2022-NAIR-LDCE)*

    क क   ग ग

    ख ख *उत्तर*   घ घ

72. निम्नलिखित में से किसमें केवल एक भाषा का प्रयोग किया जा सकता है? *(AMM-2022-NAIR-LDCE)*

    क पत्र शीर्ष (लेटरहेड   ग टिप्पणी *उत्तर*

    ख विज़िटिंग कार्ड   घ फाइल कवर

73. राजभाषा प्रचार प्रसार की दृष्टि से देश को कितनी क्षेत्रों में वर्गीकृत किया गया है? *(AMM-2022-NAIR-LDCE)*

    क 2   ग 4

    ख 3   घ 5

74. अंडमान और निकोबार द्वीप समूह राजभाषा के प्रयोग प्रसार हेतु किस क्षेत्र में वर्गीकृत किए गए हैं? *(AMM-2022-NAIR-LDCE)*

    क क क्षेत्र *उत्तर*   ग ग क्षेत्र

    ख ख क्षेत्र   घ घ क्षेत्र

75. निम्नलिखित में से कौन सा विकल्प अधिनियमों / नियमों और उनसे संबंधित वर्षों के संदर्भ में सही मेल खाता है ? *(NAIR/LDCE/2022/AFA)*

    क राजभाषा अधिनियम :: 1967   ग राजभाषा अधिनियम में संशोधन : : 1976

    ख राजभाषा नियम :: 1963   घ राजभाषा नियमो में संशोधन : : 1987

उत्तर

76. संसदीय राजभाषा समिति की मुख्य उद्देशय क्या है ?

    क हिंदी के प्रगामी (प्रोग्रेसिव)प्रयोग की समीक्षा करना *उत्तर*   ग आलेख एवं साक्ष्य(ड्राफ्टिंग और एविडेंस) उपसमिति का गठन

    ख राजभाषा संबंध में एक आयोग का गठन   घ हिंदी सलाहकार समिति का गठन

77. प्रथम राजभाषा संसदीय समिति के अध्यक्ष कौन थे?

Enter Caption

क	श्री रामकुमार वर्मा	ग	श्री जी.बी.पंत **उत्तर**
ख	श्री बी.जी. खेर	घ	श्री लालबहादुर शास्त्री

78. वर्तमान संसदीय राजभाषा समिति का गठन कब हुआ ?

क	1978 में	ग	1976 में **उत्तर**
ख	1979 में	घ	1977 में

79. वष 1976 में गठित संसदीय राजभाषा समिति के अध्यक्ष कौन थे?

क	तत्कालीन गृह मंत्री श्री लालबहादुर शास्त्री	ग	तत्कालीन गृह मंत्री श्री बी.जी. खेर
ख	तत्कालीन गृह मंत्री ओम मेहता **उत्तर**	घ	तत्कालीन गृह मंत्री श्री जी.बी.पंत

80. संसदीय राजभाषा समिति की कौन-सी उपसमिति प्रतिवेदन का मसौदा(ड्राफ्ट) तैयार करती है ?

क	आलेख एवं साक्ष्य(ड्राफ्टिंग और एविडेंस) उपसमिति **उत्तर**	ग	राजभाषा कार्यान्वयन समिति
ख	नगर राजभाषा कार्यान्वयन समिति(टाउन ऑफिसियल लैंग्वेज इम्प्लीमेंटेशन कमेटी)	घ	हिंदी सलाहकार समिति

Enter Caption

7
राजभाषा से सम्बंधित प्रमुख समितियां

देश में राजभाषा के प्रचार विकास और प्रसार के लिए गठित कुछ मुख्य समितियां निम्न है-

1. केंद्रीय हिन्दी समिति
2. संसदीय राजभाषा समिति
3. हिंदी सलाहाकार समिति
4. राजभाषा कार्यान्वयन समितियां(ऑफिसियल लैंग्वेज इम्प्लीमेंटेशन कमेटी-(OLIC))

    i. केंद्रीय राजभाषा कार्यान्वयन समिति
    ii. विभागीय राजभाषा कार्यान्वयन समितियां
    iii. कार्यालयीन राजभाषा कार्यान्वयन समितियां (राभाकास):
    iv. नगर राजभाषा कार्यान्वयन समितियां (नराकास)

Enter Caption

1.केंद्रीय हिन्दी समिति

गठन का उद्देश्य

- केंद्रीय हिन्दी समिति वह शीर्षस्थ समिति है, जो नीति निर्धारण में बड़े स्तर पर मार्ग दर्शन उपलब्ध कराती है। और
- राजभाषा नीति को लागू करने के लिए अंतर्मन्त्रालयीय और अंतर्विभागीय समन्वय सुनिश्चित करते हुए नीतिगत विषय से संबंधित निर्णयों के कार्यान्वयन का पर्यवेक्षण करती है।

केंद्रीय हिन्दी समिति की संरचना

i. केंद्रीय हिन्दी समिति के अध्यक्ष भारत के प्रधानमंत्री होते है।

ii. भारत के गृहमंत्री केंद्रीय हिन्दी समिति के उपाध्यक्ष हैं।

iii. राजभाषा विभाग के सचिव इसके सदस्य सचिव होते हैं।

iv. गृह राज्यमंत्री इसके सदस्य हैं।

v. केंद्रीय हिंदी समिति का कार्यकाल 3 वर्षों का होता है।3 वर्षोंके बाद इस का पुनर्गठन किया जाना है।

vi. इस समिति में कुल 41 सदस्य हैं, जिनमें **निम्न** छह मंत्रालयों के मंत्री शामिल हैं।

1) विदेश मंत्रालय,

2) मानव संसाधन मंत्रालय,

3) संचार और सूचना प्रौद्योगिक मंत्रालय,

4) रेलवे मंत्रालय,

5) सूचना प्रसारण मंत्रालय तथा

6) कार्मिक, जनशिकायत और पेंशन विभाग

- स्थापित व्यवस्था के अनुसार इस समिति में राज्यों का प्रतिनिधित्व छह राज्यों जैसे देश के तीन भाषीय क्षेत्रों नामत: क, ख, व, एवं प्रति क्षेत्र से दो मुख्यमंत्रियों द्वारा किया जाता है।

- वर्तमान में छह राज्यों असम, बिहार, केरल, ओडिशा, पंजाब और राजस्थान के मुख्यमंत्री शामिल हैं।

- संसदीय राजभाषा समिति के उपाध्यक्ष और इसकी तीनों उप-समितियों के संयोजक कुल मिलाकर चारव्यक्ति इस समिति के पदेन सदस्य हैं।

इनके अतिरिक्त देश भर से 21 प्रख्यात विद्यवान और साहित्यकार, और केन्द्रीय गृह मंत्रालय के राजभाषा विभाग के सचिव भी इसके सदस्य हैं। [1]

Enter Caption

2. संसदीय राजभाषा समिति

गठन का उदेश्य

संघ के राजकीय प्रयोजनों के लिए हिंदी के प्रयोग में हुई प्रगति का पुनर्विलोकन करने के लिए एक राजभाषा समिति का गठन राजभाषा अधिनियम 1963 धारा 4 के तहत वर्ष 1976 में किया गया । वर्ष 1976 में संसदीय राजभाषा समिति का गठन होने पर लोकसभा के अध्यक्ष और राज्यसभा के सभापति ने संयुक्त रूप से **तत्कालीन गृह राज्य मंत्री श्री ओम मेहता** को पहला **अध्यक्ष** नामित किया।

संसदीय राजभाषा समिति की संरचना

• इस समिति में संसद के 30 सदस्य होने का प्रावधान है 20 लोकसभा से और10 राज्यसभा से ।

• समिति के कार्यकलाप और गतिविधियां मुख्यत: राजभाषा अधिनियम,1963 की धारा 4 में हैं । जो निचे दी गई है

<u>राजभाषा अधिनियम, 1963 की धारा 4(1)</u>

जिस तारीख को धारा 3 प्रवृत्त होती है उससे दस वर्ष की समाप्ति के पश्चात् राजभाषा के सम्बन्ध में एक समिति, इस विषय का संकल्प संसद के किसी भी सदन में राष्ट्रपति की पूर्व मंजूरी से प्रस्तावित और दोनों सदनों द्वारा पारित किए जाने पर, गठित की जाएगी ।

<u>राजभाषा अधिनियम, 1963 की धारा 4(2)</u>

इस समिति में तीस सदस्य होंगे, जिनमें 20 लोकसभा के सदस्य होंगे तथा 10 राज्यसभा के सदस्य होंगे, जो क्रमश: लोकसभा के सदस्यों तथा राज्यसभा के सदस्यों द्वारा आनुपातिक प्रतिनिधित्व पद्धति के अनुसार एकल संक्रमणीय मत द्वारा निर्वाचित होंगे ।

<u>राजभाषा अधिनियम, 1963 की धारा 4(3)</u>

इस समिति का कर्तव्य होगा कि संघ के राजकीय प्रयोजनों के लिए हिंदी के प्रयोग में की गई प्रगति का पुनर्विलोकन करे और उस पर सिफारिशें करते हुए राष्ट्रपति को प्रतिवेदन प्रस्तुत करे । राष्ट्रपति उस प्रतिवेदन को संसद के हर सदन के समक्षरखने के लिए आदेश जारी करते हैं और उसे सभी राज्य सरकारों को भिजवाया जाता है

<u>राजभाषा अधिनियम, 1963 की धारा 4(4)</u>

राष्ट्रपति उपधारा (3) में निर्दिष्ट प्रतिवेदन पर और उस पर राज्य सरकारों ने यदि कोई मत अभिव्यक्त किए हों तो उस पर विचार करने के पश्चात् उस समस्त प्रतिवेदन या उसके किसी भाग के अनुसार निदेश जारी करते हैं ।

परन्तु इस प्रकार निकाले गए निदेश धारा 3 के उपबन्धों से असंगत नहीं होंगे। "

• **समिति के अध्यक्ष का चुनाव समिति के सदस्यों द्वारा किया जाता है।**

• परम्परा के अनुसार केन्द्रीय गृह मंत्री जी को समय समय पर समिति का अध्यक्ष चुना जाता रहा है।*अपने प्रेक्षण के आधार पर केन्द्रीय सरकार के कार्यालयों में हिन्दी के प्रयोग से संबंधित स्थिति कसमीक्षा करते हुए समिति द्वारा अपना तिवेदन सिफारिशें सहित राष्ट्रपति को प्रस्तुत किया जाता है*

Enter Caption

संसदीय राजभाषा समिति की तीन उप समितियां

- राजभाषा कार्य की प्रगति के निरीक्षण कार्य को सुचारू रूप से चलाने के लिए इस समिति को तीन उप-समितियों में विभाजित किया गया है। इसका विवरण नीचे दिया गया है

उप-समिति	संयोजक	मंत्रालय
पहली उप-समिति	श्री रामचंद्र जांगड़ा	रक्षा,विदेश,मानव संसाधन इत्यादि मंत्रालय
दूसरी उप-समिति	प्रो॰ रीता बहुगुणा जोशी	रेल .सूचना और प्रसारण ,संचार एवं सूचना प्रौद्योगिकी इत्यादि मंत्रालय
तीसरी उप-समिति	डॉ. मनोज राजोरिया	वित्त,वाणिज्य और उद्योग , भारी उद्योग इत्यादि मंत्रालय

समिति सचिवालय जो 11 तीन मूर्ति मार्ग, नई दिल्ली में स्थित है

Enter Caption

3. हिंदी सलाहकार समिति

गठन का उदेश्य

- प्रत्येक मंत्रालय/ विभाग में केंद्रीय हिंदी समिति और राजभाषा विभाग, गृह मंत्रालय द्वारा सरकारी कामकाज में हिंदी के प्रयोग के संबंध में निर्धारित नीतियों के अनुसार परामर्श देने के लिए हिंदी सलाहकार समिति का गठन किया जाता है।

हिंदी सलाहाकार समिति की सरंचना

- प्रत्येक मंत्रालय में ये समितियां गठित है।
- इस समिति के **अध्यक्ष, मंत्रालय के केन्द्रीय मंत्री** होते हैं तथा राज्य मंत्री समिति के पदेन उपाध्यक्ष होते हैं।
- राजभाषा विभाग के नियमों के निदेशों के अनुसार समिति में गैर-सरकारी सदस्यों की संख्या 15 से अधिक नहीं होनी चाहिए।
- इसमें 15 गैर सरकारी सदस्य तथा मंत्रालय / विभाग केअधिकारी , सचिव राजभाषा विभाग , संयुक्त सचिव राजभाषा विभाग , तथा विभिन्न मंत्रालयों / विभागों में गठित हिंदी सलाहाकार समितियों की बैठकों में भाग लेने के लिए स्थायी रूप से आमंत्रित अधिकारी इसके सदस्य होते हैं।
- वर्ष में कम से कम दो बैठक का प्रावधान है।
- जनवरी 2022 में रेलवे सलाहकार समिति का पुनर्गठन किया गया इसके अध्यक्ष रेल मंत्री श्री अश्विनी वैष्णव है ।

4.राजभाषा कार्यान्वयन समितियां
ऑफिसियल   लैंग्वेज इम्प्लीमेंटेशन कमेटी- (OLIC)

राजभाषा विभाग द्वारा संघ के सरकारी प्रयोजनों के लिए हिन्दी के प्रयोग को समय-समय पर जारी किए जाने वाले अनुदेशों को कारगर ढंग से क्रियान्वित करने के लिए **केंद्रीय , विभागीय , नगर ,** केन्द्रीय सरकार के कार्यालयों/उपक्रमों/बैंकों/बीमा कम्पनियों /निगमों/बोर्डों आदि में **राजभाषा कार्यान्वयन समिति गठन का प्रावधान किया गया है।   इसका विवरण निचे दिया गया है।**

केन्द्रीय सरकार के कार्यालयों/उपक्रमों/बैंकों/बीमा कम्पनियों /निगमों/बोर्डों आदि में संघ की राजभाषा नीति के कार्यान्वयन एवं राजभाषा के रूप में हिन्दी के प्रचार प्रसार की जिम्मेदारी राजभाषा विभाग, गृह मंत्रालय की है । इस प्रयोजन के लिए, देश के विभिन्न क्षेत्रों में राजभाषा विभाग गृह मंत्रालय के अधीन 08 क्षेत्रीय कार्यान्वयन कार्यालय कार्यरत हैं ।

Enter Caption

राजभाषा कार्यान्वयन समितियों का विवरण

	केंद्रीय राजभाषा कार्यान्वयन समिति	विभागीय राजभाषा कार्यान्वयन समिति	कार्यालयीन राजभाषा कार्यान्वयन समिति (राभाकास)	नगर राजभाषा कार्यान्वयन समिति(नराकास)
उद्देश्य	भारत सरकार के विभिन्न मंत्रालयों, विभागों आदि में राजभाषा कार्यान्वयन को दिशा देने के लिए	<ul><li>राजभाषा कार्यान्वयन की समीक्षा</li><li>समय-समय पर जारी किए जाने वाले अनुदेशों को कारगर ढंग से क्रियान्वित करने के लिए</li></ul>		
	गठित इस समिति की अध्यक्षता करते हैं और	भारत सरकार के मंत्रालयों/ विभागों में	केन्द्रीय सरकार के कार्यालयों/उपक्रमों/ बैंकों/बीमा कम्पनियों /निगमों/बोर्डों आदि में कार्यालय स्तर पर	देश के उन सभी नगरों में जहां केन्द्रीय सरकार के 10 इससे अधिक कार्यालय हो, बड़ी नराकास समिति- सदस्य कार्यालयों की संख्या 100 से अधिक छोटी नराकास समिति -सदस्य कार्यालयों की संख्या-100 या 100 से कम
अध्यक्ष	सचिव, राजभाषा विभाग, गृह मंत्रालय, भारत सरकार	विभाग के हिन्दी से संबंधित कार्य को देखने वाले संयुक्त सचिव	कार्यालय प्रमुख	राजभाषा विभाग द्वारा नामित नगर के केन्द्रीय सरकार / बैंक आदि के वरिष्ठतम अधिकारी
सचिव		हिन्दी अधिकारी/ सहायक निदेशक/ उप निदेशक / आदि /	। कार्यालय के राजभाषा अधिकारी इसके सदस्य-सचिव हैं होते हैं।	समिति के अध्यक्ष द्वारा अपने कार्यालय से नामित /किसी सदस्य कार्यालय से एक हिन्दी विशेषज्ञ
सदस्य	विभिन्न मंत्रालयों/विभागों के संयुक्त सचिव स्तर के अधिकारी / इसके सदस्य होते है।	मन्त्रालय विभाग के विभिन्न प्रभागों का प्रतिनिधित्व करने वाले उपसचिव अवर अचिव/ अनुभाग अधिकारी	सभी विभागाध्यक्ष	नगर विशेष में स्थित केन्द्रीय सरकार के कार्यालयों उपक्रमों बैंकों आदि के प्रशासनिक प्रधान
बैठकें		वर्ष में चार बैठकें (तिमाही)	वर्ष में चार बैठकें (तिमाही)	वर्ष में दो बैठकें (छःमाही)

Enter Caption

राजभाषा सम्बंधित समितिओं से सम्बंधित बहुविकल्पीय प्रश्न
केंद्रीय हिन्दी समिति

1. केंद्रीय हिंदी समिति के अध्यक्ष कौन होते है ?

(एलडीसीई-२०२२/एडब्लूएम्-प्रश्न आईडी:– 835)

(एलडीसीई-२०२२/ एइएन प्रश्न आई डी:– 494)

क गृहमंत्री   ग प्रधान मंत्री **उत्तर**

ख नेता प्रतिपक्ष   घ रेलमंत्री

2. केन्द्रीय हिन्दी समिति के उपाध्यक्ष कौन होते हैं? *(NAIR/LDCE/2022/ACM)*

क रक्षा मंत्री   ग प्रधान मंत्री

ख 'गृह मंत्री **उत्तर**   घ विदेश मंत्री

3. केंद्रीय हिंदी समिति की बैठक की अध्यक्षता कौन करता है ?

(APO-2022-NAIR-LDCE)

क केंद्रीय गृह मंत्री   ग प्रधान मंत्री **उत्तर**

ख गृह राज्य मंत्री   घ इनमें से कोई नहीं

संसदीय राजभाषा समिति

1. राजभाषा अधिनियम 1963 की किस धारा के अनुसार संसदीय समिति का गठन किया जाता है ?

क धारा 1(1)   ग धारा 2(2)

ख धारा 4(1) **उत्तर**   घ धारा 5(4)

2. राजभाषा अधिनियम 1963 के अनुसार संसदीय राजभाषा समिति का गठन कब हुआ? -

क 1975   ग 1977

ख 1976 **उत्तर**धारा   घ 1978

3. राजभाषा की संसदीय समिति का मुख्य कार्य क्या है? -

क हिंदी सलाहकार समिति का गठन

ख कार्यालयों का निरीक्षण

ग राजभाषा कार्यान्वयन समिति का गठन

घ हिंदी के प्रगामी प्रयोग की समीक्षा करना **उत्तर**

4. संसद की राजभाषा समिति में कितने सदस्य होते हैं ?

(ASTE-2022-NAIR-LDCE)

क 20   ग 30 *उत्तर*

ख 40   घ 10

5. संसद की राजभाषा समिति में लोकसभा के कितने सदस्य होते हैं ?

(ASTE-2022-NAIR-LDCE)

क 20 *उत्तर*   ग 30

ख 40   घ 10

Enter Caption

6. संसदीय राजभाषा समिति में कुल कितने सदस्य होते हैं ?

(NAIR/LDCE/2022/AEE)

(NAIR/LDCE/2022/AOM)

(AMM-2022-NAIR-LDCE)

क 30 **उत्तर**   ग 25

ख 28   घ 20

7. संसदीय राजभाषा समिति के सदस्य कौन होते हैं ?

क राज्य विधानमण्डल के सदस्य

ख लोकसभा और राज्यसभा के सदस्य **उत्तर**

ग लोकसभा के सदस्य

घ राज्यसभा के सदस्य

8. फिलहाल राजभाषा की संसदीय समिति की कितनी उप समितियां है

क 1 उप समितियां   ग 2 उप समितियां

ख 3 उप समितियां **उत्तर**   घ 4 उप समितियां

9. संसदीय राजभाषा समिति की कोन सी उप समिति रेल कार्यालयों का निरीक्षण करती है ?

क पहली उप समिति   ग दूसरी उप समिति **उत्तर**

ख तीसरी उप समिति   घ चौथी उप समिति

10. संसदीय राजभाषा समिति की कितनी उप समितियां हैं?   *(NAIR/LDCE/2022/AOM)*

क 1   ग 3 **उत्तर**

ख 2   घ 4

11. रेल मंत्रालय का निरीक्षण संसदीय राजभाषा की समिति की करती है ?

(NAIR/LDCE/2022/AEE)

क पहली उपसमिति

ख दूसरी उप समिति *उत्तर*

ग तीसरी उप समिति

घ दिए गए विकल्पों में से कोई नहीं

हिन्दी सलाहकार समिति

1. हिन्दी सलाहकार समिति में गैर-सरकारी सदस्यों की अधिकतम संख्या कितनी हो सकती है?

क 12   ग 13

ख 14   घ 15 **उत्तर**

2. हिन्दी सलाहकार समिति का कार्यकाल कितने वर्ष का होता है?

क 1वर्ष   ग 2 वर्ष

ख 3 वर्ष **उत्तर**   घ 4 वर्ष

3. पहली रेलवे हिंदी सलाहकार समिति का गठन कब किया गया था ?

Enter Caption

क वर्ष 1970	ग वर्ष 1972
ख वर्ष 1972	घ वर्ष 1973 *उत्तर*

4. पहली रेलवे हिंदी सलाहकार समिति के अध्यक्ष कौन थे?

क श्री रामचंद्र जांगड़ा	ग श्री ललित नारायण मिश्र **उत्तर**
ख प्रो॰ रीता बहुगुणा जोशी	घ डॉ. मनोज राजोरिया

5. वर्तमान रेलवे हिंदी सलाहकार समिति के अध्यक्ष कौन थे?

क श्री रामचंद्र जांगड़ा	ग श्री ललित नारायण मिश्र
ख प्रो॰ रीता बहुगुणा जोशी	घ श्री अश्विनी वैष्णव **उत्तर**

कार्यान्वयन समिति

1. केंद्रीय राजभाषा कार्यान्वयन समिति का अध्यक्ष कौन होता है ?

क गृह मंत्री	ग सचिव (राजभाषा) **उत्तर**
ख राष्ट्रपति	घ 40

2. विभागीय राजभाषा कार्यान्वयन समिति की बैठक वर्ष में कितनी बार होती है?

क एक बार	ग तीन बार **उत्तर**
ख दो बार	घ चार बार

3. नराकास गठन हेतु सदस्य कार्यालयों की संख्या कम से कम कितनी होनी चाहिए?

क   5 सदस्य कार्यालय

ख   10 सदस्य कार्यालय **उत्तर**

ग   15 सदस्य कार्यालय

घ   50 सदस्य कार्यालय

4. नगर राजभाषा कार्यान्वयन समिति की बैठकों की आवधिकता क्या है?

क एक महीने बाद	ग तीन महीने बाद
ख दो महीने बाद	घ 6 महीने बाद **उत्तर**

5. प्रमुख नगरों में गठित नगर राजभाषा कार्यान्वयन समिति(टाउन ऑफिसियल लैंग्वेज इम्प्लीमेंटेशन कमेटी) के अध्यक्ष कौन होते हैं?

क जिलाधिकारी	ग जिले का सांसद
ख नगर में केंद्र सरकार कार्यालय के वरिष्ठतम अधिकारी **उत्तर**	घ जिले का कमिशनर

6. नगर राजभाषा कार्यान्वयन समिति की बैठक वर्ष में कितनी बार होती है?

क एक बार	ग तीन बार
ख दो बार **उत्तर**	घ चार बार

7. छोटी नराकास समिति में सदस्य कार्यालयों की संख्या कितनी होती ?

क 50 या 50 से कम

ख 50   से कम

ग 100   से कम

Enter Caption

घ 100 या 100 से कम **उत्तर**

8. बड़ी नराकास समिति में सदस्य कार्यालयों की संख्या कितनी होती?

क 50 या 50 से अधिक

ख 50   से अधिक

ग 100 से अधिक **उत्तर**

घ 100 या 100 से अधिक

9. मंडल राजभाषा कार्यान्वयन समिति की बैठक के अध्यक्ष कौन होते हैं?

एलडीसीई-२०२२/एडब्लूएम् प्रश्न आई डी:- 842

क मंडल रेल प्रबंधक **उत्तर**

ख अपर मंडल रेल प्रबंधक

ग उप महाप्रबंधक

घ राजभाषा अधिकारी

10. नगर राजभाषा कार्यान्वयन समिति की बैठक कब-कब होती है?

(NAIR/LDCE/2022/ACM)

क माह में एक बार   ग 3 माह में एक बार

ख 2 माह में एक बार   घ छः माह में एक बार **उत्तर**

11. किसी भी कार्यालय की राजभाषा कार्यान्वयन समिति की बैठकों की आवृति कितनी होती है।

एलडीसीई-२०२२/ एइएन प्रश्न आई डी:- 493

क महीने में एक बार

ख तीन महीने में एक बार **उत्तर**

ग छह महीने में एक बार

घ बारह महीनों में एक बार

12. राजभाषा कार्यान्वयन समिति की बैठकों का अंतराल क्या है ?

(NAIR/LDCE/2022/AEE)

क प्रतिमाह

ख 6 महीने में एक बार

ग 2 महीने में एक बार

घ 3 महीने में एक बार *उत्तर*

13. नगर राजभाषा कार्यान्वयन समिति की बैठक कितने अंतराल पर की जाती है ?

(NAIR/LDCE/2022/AEE)

क 2 महीने में एक बार

ख 6 महीने में एक बार *उत्तर*

ग 3 महीने में एक बार

घ प्रत्येक महीने में

14. मंडल राजभाषा कार्यान्वयन समिति के अध्यक्ष कौन है?   *(ASTE-2022-NAIR-LDCE)*

क सीनियर डीपीओ   ग सीनियर डीसीएम

Enter Caption

ख	मुख्य राजभाषा अधिकारी	घ	मंडल रेल प्रबंधक *उत्तर*

15. मंडल रेल कार्यालय की राजभाषा कार्यान्वयन समिति की बैठकों की आवधिकता क्या है ?

(ASTE-2022-NAIR-LDCE)

क	3 महीने में एक बार *उत्तर*	ग	साल में एक बार
ख	6 महीने में एक बार	घ	2 साल में एक बार

16. नगर राजभाषा कार्यान्वयन समिति की बैठकों का आयोजन किस अंतराल में किया जाता है?

(AMM-2022-NAIR-LDCE)

क	3 महीने में एक बार	ग	वर्ष में एक बार
ख	6 महीने में एक बार **उत्तर**	घ	सुविधानुसार

17. OLIC' संक्षेपाक्षर का विस्तार कीजिए-*(NAIR/LDCE/2022/AFA)*

क	आधिकारिक साहित्य सूचना केंद्र (ऑफिसियल लिटरेचर इनफार्मेशन सेंटर)	ग	राजभाषा कार्यान्वयन समिति (ऑफिसियल लैंग्वेज इम्प्लमेन्टेशन कमिटी) **उत्तर**
ख	राजभाषा सूचना केंद्र (ऑफिसियल लैंग्वेज इनफार्मेशन सेटर)	घ	आधिकारिक साहित्य कार्यान्वयन समिति (ऑफिसियल लिटरेचर इम्प्लमेन्टेशन कमिटी)

Enter Caption

8

राजभाषा से सम्बंधित प्रमुख पुरस्कार योजनाएं

- राजभाषा के सम्बन्ध में उल्लेखनीय कार्यों हेतु भारत सरकार, राज्य सरकारों, अनेक मंत्रालयों एवं विभागों द्वारा अनेक योजनाएं संचालित की जा रहीं है।
- गृह विभाग के राजभाषा विभाग एवं रेल मंत्रालय (रेलवेबोर्ड) द्वारा संचालित कुछ प्रमुख पुरस्कार योजनाओं का विवरण निचे दिया गया है।

रेलमंत्रालय (रेलवेबोर्ड) द्वारा	1.	रेलमंत्री हिंदी निबंध प्रतियोगिता
	2.	प्रेमचंद पुरस्कार
	3.	मैथिलीशरण गुप्त पुरस्कार योजना
	4.	लाल महादुर शास्त्री तकनीकी गौलिक लेखन पुरस्कार योजना"
	5.	कमलापति त्रिपाठी राजभाषा स्वर्ण पदक एवं रेल मंत्री राजभाषा रजत पदक
	6.	सरकारी कामकाज (टिप्पण/आलेखन) मूलरूप से हिंदी में करने के लिए प्रोत्साहन योजना: 20/10 हजार शब्दों वाली योजना
	7.	सरकारी कामकाज में हिंदी का अधिकाधिक प्रयोग करने के लिए रेलवे बोर्ड की राजभाषा व्यक्तिगत नकद पुरस्कार योजना
	8.	अधिकारियों को हिंदी में अधिकाधिक डिक्टेशन देने के लिए प्रोत्साहित करने हेतु पुरस्कार योजना.
	9.	"रेल यात्रा वृतांत पुरस्कार योजना"
	10.	अखिल रेल हिंदी निबंध, वाक् तथा टिप्पण एवं प्रारूप लेखन प्रतियोगिता
	11.	अखिल रेल हिंदी नाट्योत्सव -
	12.	रेल मंत्री राजभाषा शील्ड/ट्रॉफी पुरस्कार योजना
गृह विभाग के राजभाषा विभाग द्वारा	1.	राजभाषा कीर्ति पुरस्कार (पूर्व में "इंदिरा गांधी राजभाषा पुरस्कार')
	2.	'राजभाषा गौरव पुरस्कार'(पूर्व में 'राजीव गांधी राष्ट्रीय ज्ञान-विज्ञान मौलिक पुस्तक लेखन पुरस्कार)
गृहविभाग के राजभाषा विभाग के केंद्रीय हिंदी प्रशिक्षण संस्थानद्वारा	1	प्रबोध, प्रवीण, प्राज्ञ और पारंगत परीक्षा पुरस्कार योजना
	2	हिंदी शब्द संसाधन / हिंदी टंकण हेतु पुरस्कार योजना
	3	हिंदी आशुलिपि हेतु पुरस्कार योजना

Enter Caption

1.रेल मंत्री हिंदी निबंध प्रतियोगिता

- रेलमंत्रालय (रेलवेबोर्ड) द्वारा प्रत्येक वर्ष रेलमंत्री हिंदी निबंध प्रतियोगिता के तहत प्रविष्टियां आमंत्रित की जाती हैं
- जिसमें राजपत्रित एवं अराजपत्रित दोनों वर्गों के अधिकारियों/कर्मचारियों को प्रथम पुरस्कार के रुप में 6000/-रु तथा द्वितीय पुरस्कार के रूप में 4000/-रू एवं प्रमाण-पत्र प्रदान किए जाते हैं।
- रेलमंत्रालय (रेलवेबोर्ड) द्वारा दिए गए दो विषयों में से किसी भी एक विषय पर निबंध लिखा जा सकता है-
- इस प्रतियोगिता में भाग लेने वालो को अपना निबंध क्षेत्रीय रेल मुख्यालय के माध्यम से बोर्ड कार्यालय को 02 प्रतियों में भेजना होता है
- जांचे गएनिबंधों में से मुख्यालय द्वारा केवल सर्वश्रेष्ठ 10 निबंध तथा उत्पादन इकाइयों आदि द्वारा 05 सर्वश्रेष्ठ निबंध ही बोर्ड कार्यालय को भेजे जाते है।

हिंदी में

1.कहानी, उपन्यास,नाटक एवं अन्य गदय साहित्य के लिए प्रेमचंद पुरस्कार और

2. काव्य-गजल संग्रह के लिए मैथिलीशरण गुप्त पुरस्कार योजना

रेल कर्मचारियों की साहित्यिक प्रतिभा और अभिरुचि को प्रोत्साहित करने के उद्देश्य से, रेल मंत्रालय की हिंदी में

1. कहानी, उपन्यास, नाटक एवं अन्य गदय साहित्य के लिए प्रेमचंद पुरस्कार और
2. काव्य-गजल संग्रह के लिए मैथिलीशरण गुप्त पुरस्कार योजनाएं

मौजूदा व्यवस्था के अनुसार, इन दोनों योजनाओं के अंतर्गत निम्नानुसार पुरस्कार एवं प्रशस्ति- पत्र प्रदान करने की व्यवस्था है:-

क्रमांक	विधा	पुरस्कारोंकाविवरण	पुरस्कारराशि
प्रेमचंद पुरस्कार	कथा/कहानी, उपन्यास, नाटक एवं अन्य गदय साहित्य	प्रथम पुरस्कार	20,000/-
		द्वितीय पुरस्कार	10,000/-रु
		तृतीय पुरस्कार	7,000/-रू
मैथिलीशरण गुप्त पुरस्कार योजना	काव्य/गजलसंग्रह	प्रथम पुरस्कार	20,000/-
		द्वितीय पुरस्कार	10,000/-रु
		तृतीय पुरस्कार	7,000/-रू

इस प्रतियोगिता में भाग लेने वालो को अपना निबंध क्षेत्रीय रेल मुख्यालय के माध्यम से बोर्ड कार्यालय को भेजना होता है

Enter Caption

लाल बहादुर शास्त्री पुरस्कार

- रेलों से संबंधित तकनीकी विषयों पर मूल रूप से हिंदी में पुस्तक लेखन को प्रोत्साहित करने के उद्देश्य से, रेल मंत्रालय (रेलवेबोर्ड) की "लाल महादुर शास्त्री तकनीकी गौलिक लेखन पुरस्कार योजना" योजना लागू है।
- इस योजना के अंतर्गत प्रतिवर्ष निम्नलिखित तीन पुरस्कार दिए जाने की व्यवस्था है-
- इस प्रतियोगिता में भाग लेने लेखक को अपनी पुस्तक की 2 मुद्रित अथवा 2 टाइप की हुई प्रतियां भेजने के साथ-साथ अपेक्षित जानकारी संलग्न प्रोफार्मा में भर कर रेलभवन, नई दिल्ली को भेजना होता है

पुरस्कारोंकाविवरण	पुरस्काररराशि
प्रथम पुरस्कार	20,000/-
दवितीय पुरस्कार	10,000/-रू
तृतीय पुरस्कार	7,000/-रू

कमलापति त्रिपाठी राजभाषा स्वर्ण पदक एवं रेल मंत्री राजभाषा रजत पदक पुरस्कार योजना

भारत सरकार की राजभाषा नीति के अनुसार, हिंदी के प्रयोग-प्रसार को बढ़ावा देने के तहत बोर्ड कार्यालय द्वारा महाप्रबंधकों एवं उनसे वरिष्ठ अधिकारियों के लिए कमलापति त्रिपाठी राजभाषा स्वर्ण पदक तथा वरिष्ठ प्रशासनिक ग्रेड एवं उच्चतर ग्रेड के अधिकारियों के लिए रेल मंत्री राजभाषा रजत पदक से सम्मानित करने की परंपरा है. ये पदक उन उच्च अधिकारियों, जिनका अपने कार्यक्षेत्र में हिंदी के प्रयोरपिसार को बढाते में उत्कृष्ट एवं अनुकरणीय योगदान रहा है तथा जो अपने अधीनस्थ अधिकारियों/कर्मचारियों को हिंदी में काम करने की प्रेरणा देने के अलावा स्वयं भी हिंदी में काम करते हैं, को प्रदान किए जाते हैं.

सरकारी कामकाज (टिप्पण/आलेखन) मूलरूप से हिंदी में करने के लिए प्रोत्साहन योजना: 20/10 हजार शब्दों वाली योजना

राजभाषा विभाग (गृह मंत्रालय) के निदेशानुसार, रेल कार्यलयों में सरकारी कामकाज (टिप्पण/आलेखन) मूलरूप से हिंदी में करने के लिए प्रोत्साहित करने हेतु उपर्युक्त योजना लागू है। इस योजना के अंतर्गत, प्रतिवर्ष

- हिंदी भाषी अधिकारियों/कर्मचारियों को वर्ष के दौरान क्रमश: 20 हजार शब्द तथा
- हिंदीतर अधिकारियों/कर्मचारियों को 10 हजार शब्द

हिंदी में फाइलों पर टिप्पणी, प्रारूप इत्यादि के रूप में लिखने के आधार पर निम्नानुसार 10 (दस) नकद पुरस्कार देने की व्यवस्था है. इस योजना के प्रयोजन के लिए प्रत्येक अलग भौगोलिक स्थिति वाले कार्यालय को स्वतंत्र एकक माना जाएगा. इस योजना के अंतर्गत निम्नलिखित दस पुरस्कार है:-

(क) केन्द्रीय सरकार के प्रत्येक मंत्रालय/विभाग/संबद्ध कार्यालय के लिए स्वतंत्र रूप से	
प्रथम पुरस्कार (2 पुरस्कार)	प्रत्येक 2,000/-रू

श्वेता मिश्रा

Enter Caption

द्वितीय पुरस्कार (3 पुरस्कार)	प्रत्येक 1,200/-रु
तृतीय पुरस्कार (5 पुरस्कार)	प्रत्येक 600/-रू
ख) केन्द्रीय सरकार के किसी विभाग के प्रत्येक अधीनस्थ कार्यालय के लिए स्वतंत्र रूप से	
प्रथम पुरस्कार (2 पुरस्कार)	प्रत्येक 2,000/-रू
द्वितीय पुरस्कार (3 पुरस्कार)	प्रत्येक 1,200/-रु
तृतीय पुरस्कार (5 पुरस्कार)	प्रत्येक 600/-रू

सरकारी कामकाज में हिंदी का अधिकाधिक प्रयोग करने के लिए रेलवे बोर्ड की राजभाषा व्यक्तिगत नकद पुरस्कार योजना

- रेल मंत्रालय (रेलवे बोर्ड) द्वारा सरकारी कामकाज में हिंदी का अधिकाधिक व प्रशंसनीय प्रयोग करने वाले रेलवे अधिकारियों एवं कर्मचारियों को पुरस्कृत किया जाता रहा है.

- इस योजना के अंतर्गत, प्रत्येक वर्ष प्रत्येक रेलवे / उत्पादन कारखानों के लिए निर्धारित कोटे के अनुसार अधिकारियों/कर्मचारियों को 3000-3000/-रु नकद पुरस्कार प्रदान किए जाते है.

- यदि कोई विभागाध्यक्ष यह अनुभव करें कि उनके अधीनस्थ कोई अधिकारी / कर्मचारी अपने सरकारी कामकाज में हिंदी का सराहनीय प्रयोग कर रहा है तो वह उस अधिकारी / कर्मचारी को उक्त पुरस्कार से पुरस्कृत करने के लिए उसका नाम प्रस्तावित कर सकते हैं.

- इस योजना के अंतर्गत, लिपिक वर्गीय कर्मचारियों से जे. ए. ग्रेड स्तर के अधिकारियों तक की अनुशंसा इस आधार पर भेजी जा सकती है कि अहिंदी भाषी अधिकारी / कर्मचारी कम से कम अपना 50% तथा हिंदी भाषी अधिकारी/कर्मचारी कम से कम अपना 75% कार्य हिंदी में करते हों.

- इस योजना के अंतर्गत एक बार पुरस्कृत प्राप्त करने के बाद संबंधित अधिकारी / कर्मचारी के नाम की सिफारिश अगले 03 वर्षों तक नहीं की जा सकेगी.

अधिकारियों को हिंदी में अधिकाधिक डिक्टेशन देने के लिए प्रोत्साहित करने हेतु पुरस्कार योजना.

- राजभाषा विभाग (गृह मंत्रालय) के निदेशानुसार क्षेत्रीय रेलों के विभागों तथा मंडलों / कारखानों के कार्यलयों में हिंदी के प्रयोग को बढ़ावा देने के उद्देश्य से अधिकारियों को हिंदी में अधिकाधिक डिक्टेशन देने के लिए प्रोत्साहित करने हेतु रेल मंत्रालय (रेलवे बोर्ड) की उपर्युक्त योजना लागू है.

- कार्यालय से तात्पर्य उस कार्यालय से है जिसका स्थानीय मुख्य अधिकारी विभागाध्यक्ष अथवा कार्यालयाध्यक्ष घोषित किया गया हो.

- गृह मंत्रालय की इस योजना में न्यूनतम शब्दों की सीमा निर्धारित है अर्थात् केवल वे अधिकारी, इस पुरस्कार के पात्र होंगे जो वर्ष में कम से कम 20,000 (बीस हजार शब्द) की डिक्टेशन देंगे अहिंदी भाषी अधिकारियों के लिए के लिए यह मात्रा 10,000 (दस हजार शब्द) प्रतिवर्ष है,

Enter Caption

- डिक्टेशन से संबंधित रिकॉर्ड संलग्न प्रोफार्मा में रखा जाना आवश्यक है
- तदनुसार, प्रत्येक विभाग को दो पुरस्कार 2,000- 2,000/-रू के नकद पुरस्कार देने की व्यवस्था है
  - दो अधिकारियों में एक का घोषित निवास हिंदी भाषी ("क" और "ख" क्षेत्र) और दूसरे का अहिंदी भाषी ("ग" क्षेत्र) होना चाहिए

रेल यात्रा वृत्तांत पुरस्कार योजना

- रेल कर्मियों सहित जनसाधरण के रेल यात्रा संबंधी अनुभव प्राप्त करने और उन अनुभवों के आधार पर रेलों द्वारा अपनी छवि को बेहतर बनाने के उद्देश्य से, रेल मंत्रालय की "रेल यात्रा वृत्तांत पुरस्कार योजना" अखिल भारतीय स्तर पर प्रचलित है. इस योजना के अंतर्गत, प्रत्येक वर्ष हिंदी में लिखित सर्वोत्तम प्रथम तीन वृत्तांतों के विजेताओं को निम्नलिखित नकद पुरस्कार दिए जाने का प्रस्ताव है:-

प्रथम पुरस्कार (एक)	4,000/-रू
द्वितीय पुरस्कार (एक)	3,000/-रू
तृतीय पुरस्कार (एक))	2,000/-रू

अखिल रेल हिंदी निबंध, वाक् तथा टिप्पण एवं प्रारूप लेखन प्रतियोगिता

- रेल कार्यालयों में हिंदी के प्रयोग-प्रसार को बढ़ावा देने के उद्देश्य से तथा कर्मचारियों में हिंदी में काम करने की रूचि उत्पन्न करने के लिए रेल मंत्रालय प्रति वर्ष हिंदी निबंध, वाक् तथा टिप्पण एवं प्रारूप लेखन प्रतियोगिताओं का आयोजन करता है.
- तीनों प्रतियोगिताओं में हिंदी और अहिंदी भाषा-भाषी अधिकारी/कर्मचारी भाग ले सकेंगे. केवल "ग" क्षेत्र के अहिंदी भाषी प्रतियोगियों को प्रप्तांक के 10% अंक अधिमान अंक के रूप में दिए जाएंगे.
- पहले ये प्रतियोगिताएं क्षेत्रीय स्तर पर आयोजित की जाती हैं और
- इन प्रतियोगिताओं में प्रथम और द्वितीय स्थान प्राप्त करने वाले अधिकारियों/कर्मचारियों को अखिल रेल स्तर पर निम्नानुसार पुरस्कार दिए जाने की व्यवस्था है:-

पुरस्कार	हिंदी निबंध प्रतियोगिता	हिंदी वाक् प्रतियोगिता	टिप्पण एवं प्रारूप लेखन प्रतियोगिता
प्रथम (एक)	3,000/ रु	3,000/ रु	3,000/ रु
द्वितीय (एक)	2500/ रु	2500/ रु	2500/ रु
तृतीय (एक)	2,000/ रु	2,000/ रु	2,000/ रु
सात्वना (5)	1,500/ रु	1,500/ रु	1,500/ रु

अखिल रेल हिंदी नाट्योत्सव

- हिंदी के प्रयोग-प्रसार में रंगमंच और सांस्कृतिक कार्यक्रमों की अहम भूमिका रही है. इसी प्रयोजन को ध्यान में रखते हुए, राजभाषा हिंदी के प्रयोग-प्रसार को बढ़ावा देने के लिए रेल मंत्रालय प्रत्येक वर्ष अखिल रेल स्तर पर हिंदी नाट्योत्सव का आयोजन करता है.जिसमें क्षेत्रीय रेलों और उत्पादन कारखानों के नाटक दल भाग लेते हैं.

Enter Caption

- नाट्योत्सव में भाग लेने वाले रेल कर्मियों के लिए सहभागिता प्रमाण-पत्र तथा उत्कृष्ट प्रदर्शन करने वाले रेल कर्मियों के लिए कई पुरस्कार निर्धारित हैं

रेल मंत्री राजभाषा शील्ड/ट्रॉफी पुरस्कार योजना

- रेल कार्यालयों में सरकारी कामकाज में हिंदी के प्रयोग-प्रसार को बढ़ावा देने के उद्देश्य से, रेल मंत्रालय (रेलवे बोर्ड) की ओर से रेल मंत्री राजभाषा शील्ड/ट्रॉफी तथा चल वैजयंती पुरस्कार योजना लागू है।
- इस योजना के अंतर्गत 'क', 'ख' तथा 'ग' क्षेत्र के प्रधान कार्यालयों/मंडलों तथा उत्पादन कारखानों में हिंदी का सर्वश्रेष्ठ कार्य करने के लिए अलग-अलग शील्ड, ट्रॉफी तथा चल वैजयंतियां प्रदान की जाती हैं।
- इसके अलावा, 'क' तथा 'ख' क्षेत्रों में स्थित स्टेशनों/वर्कशॉपों में से चुने गए सर्वश्रेष्ठ आदर्श स्टेशन /वर्कशॉप तथा 'ग' क्षेत्र में स्थित स्टेशनों/वर्कशॉपों में से चुने गए सर्वश्रेष्ठ आदर्श स्टेशन/ वर्कशॉप को शील्ड के साथ-साथ 7000-7000/- रू. का नकद पुरस्कार भी प्रदान किया जाता है।

राजभाषा कीर्ति पुरस्कार (पूर्व में ''इंदिरा गांधी राजभाषा पुरस्कार')

वित्तीय वर्ष 2015-16 से नई पुरस्कार योजना शुरू की जाती है जिसका नाम" राजभाषा कीर्ति पुरस्कार है। इस योजना के अंतर्गत निम्नलिखित को पुरस्कृत किया जाएगा:-

मंत्रालय/ विभाग	राष्ट्रीयकृत बैंक
सार्वजनिक क्षेत्र के उपक्रम	नगर राजभाषा कार्यान्वयन समिति
बोर्ड स्वायत निकाय/ट्रस्ट आदि	हिन्दी गृह पत्रिका

- राजभाषा नीति के सर्वश्रेष्ठ कार्यान्वयन के परिणाम स्वरूप राजभाषा के प्रयोग में बेहतर प्रगति देकर ने वाले उपरोक्त कार्यालय संस्थानों को पुरस्कार स्वरूप राजभाषा शील्ड देकर सम्मानित किया जाएगा।
- प्रत्येक क्षेत्र के लिए प्रथम, द्वितीय एवं तृतीय पुरस्कार के रूप में दिए जाएंगे।
- पुरस्कारों का निर्णय राजभाषा नीति के कार्यान्वयन से संबंधित तिमाही प्रगति रिपोर्ट के आधार पर किया आयेगा पुरस्कारी के लिए मूल्यांकन सचिव, राजभाषा विभाग के अनुमोदन से गठित एक समिति द्वारा किया जाता है जिससे विभाग के अधिकारियों के अतिरिक्त गैर सरकारी सदस्यों को भी शामिल किया जाएगा।
- इसके हिंदी दिवस समारोह के अवसर पर निम्नानुसार पुरस्कार दिए जायेंगे।

श्रेणी	विवरण	पुरस्कार
मंत्रालय/विभाग	३०० से कम स्टाफ वाले मंत्रालय	03 शील्डे
	३०० से अधिक स्टाफ वाले मंत्रालय	03 शील्डे
सार्वजनिक क्षेत्र के उपक्रम	क क्षेत्र में क्षेत्र स्थित उपक्रम	03 शील्डे
	ख क्षेत्र में क्षेत्र स्थित उपक्रम	03 शील्डे
	ग क्षेत्र में क्षेत्र स्थित उपक्रम	03 शील्डे
बोर्ड,	क क्षेत्र में क्षेत्र स्थित बोर्ड आदि	03 शील्डे

Enter Caption

स्वायतनिकाय, ट्रस्ट आदि	ख क्षेत्र में क्षेत्र स्थित बोर्ड आदि	03 शील्डे
	ग क्षेत्र में क्षेत्र स्थित बोर्ड आदि	03 शील्डे
राष्ट्रीयकृत बैंक	क, ख तथा ग क्षेत्र के लिए प्रथम तथा द्वितीय पुरस्कार	06 शील्डे
नगर राजभाषा कार्यान्वयन समिति	क. ख तथा ग क्षेत्र में स्थित एक-एक न. रा.का.स. को	03 शील्डे
हिन्दी गृह पत्रिका	क, ख तथा ग क्षेत्र के लिए प्रथम तथा द्वितीय पुरस्कार	06 शील्डे

'राजभाषा गौरव पुरस्कार' (पूर्व में 'राजीव गांधी राष्ट्रीय ज्ञान-विज्ञान मौलिक पुस्तक लेखन पुरस्कार)

वित्तीय वर्ष 2015-16 से नई पुरस्कार योजना शुरू की गयी है   जिसका नाम "राजभाषा गौरव पुरस्कार योजना है।इसके तहत निम्नलिखित 3 पुरस्कार योजनाएंहैं:-

क	हिन्दीमें **ज्ञान विज्ञान मौलिक पुस्तकलेखन** के लिए राजभाषा गौरव पुरस्कार	केन्द्र सरकार के विभिन्न कार्यालयों/ उपक्रमों/ बैंकों इत्यादि में सरकारी कामकाज में तकनीकी विषयों पर भी कार्य किया जाता है।ज्ञान विज्ञान के क्षेत्र में सरकारी कामकाज में हिन्दी के प्रयोग को बढ़ाने में कठिनाई आती है क्योंकि तकनीकी विषयों पर पुस्तकों की कमी है। ऐसे विषयों पर सरकारी कामकाज को हिन्दी में करते हुए कार्मिकों को कठिनाई आती है क्योंकि वे ज्ञान-विज्ञान के विषयों पर हिन्दी शब्दावली से अनभिज्ञ होते हैं। इसका मुख्य कारण ज्ञान विज्ञान के विषयों पर हिन्दी में पुस्तकों का कम उपलब्ध होना है। इस क्षेत्र में हिन्दी में पुस्तक लेखन को बढ़ावा देने के उद्देश्य से राजभाषा गौरव पुरस्कार के अंतर्गत पुरस्कार दिए जाते है । ➤ प्रथम पुरस्कार (एक) 2,00,000/-रु. (प्रमाणपत्र तथा स्मृतिचिन्ह ➤ द्वितीय पुरस्कार (एक) 1,25,000/-रु. प्रमाण पत्र तथा स्मृति चिन्ह ➤ तृतीय पुरस्कार (एक)- 75,000/-रु) प्रमाणपत्र तथा स्मृति चिन्ह ➤ प्रोत्साहन पुरस्कार (दस)- 10,000/-रु. प्रमाणपत्र तथा स्मृति चिन्ह
ख	कार्मिकों (सेवानिवृत्तस हित) को हिन्दी में मौलिक पुस्तक लेखन के लिए राजभाषा गौरव पुरस्कार	केन्द्रीय सरकार में कार्यरत या सेवानिवृत कार्मिकों को हिन्दी में पुस्तक लेखन के लिए प्रोत्साहित करने के लिए राजभाषा गौरव पुरस्कार के अंतर्गत पुरस्कार दिए जाते है। ➤ प्रथम पुरस्कार-1,00,000/-रु. (प्रमाणपत्रतथास्मृतिचिन्ह ➤ द्वितीयपुरस्कार- 60,000/-रु. प्रमाणपत्रतथास्मृतिचिन्ह ➤ तृतीयपुरस्कार- 30,000/-रु. प्रमाणपत्रतथास्मृतिचिन्ह ➤ प्रोत्साहनपुरस्कार- 75,000/-रु. प्रमाणपत्रतथास्मृतिचिन्ह

Enter Caption

ग	कार्मिकों (सेवा निवृत्त सहित) को हिन्दी में उत्कृष्ट लेख के लिए राजभाषा गौरव पुरस्कार	राजभाषा हिन्दी को बढ़ावा देने के उद्देश्य से केन्द्रीय सरकार के अधिकारियों/कर्मचारियों द्वारा पत्र- पत्रिकाओं में प्रकाशित उत्कृष्ट हिन्दी लेखों के लेखकों हेतु राजभाषा गौरव पुरस्कार के अंतर्गत पुरस्कार दिए जाते है।

योजनाकेअन्तर्गतनिम्नलिखितराशियोंके 6 पुरस्कारदिएजाएंगे:

क	हिन्दीभाषी	हिन्दीतरभाषी
प्रथम-	20,000/-रु.	25,000/-रु
द्वितीय	18,000/-रु.	22,000/-रु.
तृतीय-	15,000/-रु.	20,000/-रु.

हिंदी प्रबोध, प्रवीण, प्राज्ञ, पारंगत, की परीक्षाएँ अच्छे अंकों से पास करने पर परीक्षा पुरस्कार योजना **अध्याय- 9** राजभाषा विभाग में दिया गया है

Enter Caption

राजभाषा सम्बंधित प्रमुख पुरस्कार योजनाओ **से सम्बंधित बहुविकल्पीय प्रश्न**

1. राजभाषा नीति के सर्वश्रेष्ठ कार्यान्वयन के परिणाम स्वरूप राजभाषा के प्रयोग में बेहतर प्रगति देकर ने वाले उपरोक्त कार्यालय संस्थानों को राजभाषा विभाग द्वारा कौन सा पुरस्कार दिया जाता है?

   क लाल महादुर शास्त्री तकनीकी गौलिक लेखन पुरस्कार

   ख राजभाषा कीर्ति पुरस्कार **उत्तर**

   ग राजभाषा यशपाल पुरस्कार

   घ राजभाषा गौरव पुरस्कार

2. राजभाषा गौरव पुरस्कार किस विभाग द्वारा दिया जाता है

   क रेल मंत्रालय (रेलवेबोर्ड) द्वारा

   ख राजभाषा विभाग द्वारा **उत्तर**

   ग हिंदी साहित्य सम्मेलन

   घ राजभाषा विभाग ,दूर संचार मंत्रालय

3. **राजभाषा गौरव पुरस्कार   इसके तहत निम्न पुरस्कार योजना हैं**

   क हिन्दीमें **ज्ञान विज्ञान मौलिक पुस्तकलेखन** के लिए राजभाषा गौरव पुरस्कार

   ख कार्मिकों (सेवानिवृत्तसहित) को हिन्दी में मौलिक पुस्तक लेखन के लिए राजभाषा गौरव पुरस्कार

   ग कार्मिकों (सेवा निवृत सहित) को हिन्दी में उत्कृष्ट लेख के लिए राजभाषा गौरव पुरस्कार

   घ उपर्युक्त तीनो **उत्तर**

4. हिन्दीमें **ज्ञान विज्ञान** मौलिक पुस्तक लिखने पर राजभाषा विभाग द्वारा कौन सा पुरस्कार दिया जाता है?

   क लाल महादुर शास्त्री तकनीकी गौलिक लेखन पुरस्कार

   ख राजभाषा कीर्ति पुरस्कार

   ग राजभाषा यशपाल पुरस्कार

   घ राजभाषा गौरव पुरस्कार **उत्तर**

5. रेलों से संबंधित तकनीकी विषयों पर मूल रूप से हिंदी में पुस्तक लेखन को प्रोत्साहित करने के उद्देश्य से, रेल मंत्रालय (रेलवेबोर्ड) द्वारा कौन सा पुरस्कार दिया जाता है?

   क लाल महादुर शास्त्री तकनीकी गौलिक लेखन पुरस्कार **उत्तर**

   ख राजभाषा कीर्ति पुरस्कार

   ग राजभाषा यशपाल पुरस्कार

   घ राजभाषा गौरव पुरस्कार

6. राजभाषा कीर्ति पुरस्कार किस विभाग द्वारा दिया जाता है?

   क रेल मंत्रालय (रेलवेबोर्ड) द्वारा

   ख राजभाषा विभाग द्वारा **उत्तर**

   ग हिंदी साहित्य सम्मेलन

   घ राजभाषा विभाग, दूर संचार मंत्रालय

Enter Caption

7. लाल महादुर शास्त्री तकनीकी गौलिक लेखन पुरस्कार किस विभाग द्वारा दिया जाता है?

क रेल मंत्रालय (रेलवेबोर्ड) द्वारा **उत्तर**

ख राजभाषा विभाग द्वारा

ग हिंदी साहित्य सम्मेलन

घ राजभाषा विभाग, दूर संचार मंत्रालय

8. मैथिलीशरण गुप्त पुरस्कार किस विभाग द्वारा दिया जाता है?

क रेल मंत्रालय (रेलवेबोर्ड) द्वारा **उत्तर**

ख राजभाषा विभाग द्वारा

ग हिंदी साहित्य सम्मेलन

घ राजभाषा विभाग, दूर संचार मंत्रालय

9. राजभाषा गौरव पुरस्कार किस विभाग द्वारा दिया जाता है?

क रेल मंत्रालय (रेलवेबोर्ड) द्वारा

ख राजभाषा विभाग द्वारा **उत्तर**

ग हिंदी साहित्य सम्मेलन

घ राजभाषा विभाग ,दूर संचार मंत्रालय

10. केन्द्रीय सरकार में कार्यरत या सेवानिवृत कार्मिकों को हिन्दी में पुस्तक लेखन के लिए प्रोत्साहित करने के लिए राजभाषा विभाग द्वारा कौन सा पुरस्कार दिया जाता है?

क लाल महादुर शास्त्री तकनीकी
गौलिक लेखन पुरस्कार

ख राजभाषा कीर्ति पुरस्कार

ग **राजभाषा** यशपाल पुरस्कार

घ **राजभाषा गौरव पुरस्कार** **उत्तर**

11. हिंदी में कथा / कहानी, उपन्यास, लेखन हेतु रेल मंत्रालय (रेलवे बोर्ड) द्वारा कौन सी पुरस्कार योजना लागू है? *एलडीसीई-२०२२/एडब्लूएम् प्रश्न आई डी:- 840*

क मैथिलीशरण गुप्त पुरस्कार योजना

ख प्रेमचंद पुरस्कार योजना **उत्तर**

ग यशपाल पुरस्कार योजना

घ अज्ञेय पुरस्कार योजना

12. रेलवे बोर्ड द्वारा हिन्दी में काव्य लेखन के लिए कौन सा पुरस्कार प्रदान किया जाता है ? *एलडीसीई-२०२२/ एइएन प्रश्न आई डी:- 487*

क मैथिलीशरण गुप्त पुरस्कार योजना **उत्तर**

ख प्रेमचंद पुरस्कार योजना

ग लाल बहादुर शास्त्री पुरस्कार

घ जयशंकर प्रसाद पुरस्कार

13. रेलवे के कार्यालयो में हिंदी में काम करने के लिए रेलवे बोर्ड द्वारा कौन सा पुरस्कार प्रदान किया जाता है ?

Enter Caption

क प्रवीण पुरस्कार

ख प्रबोध पुरस्कार

ग प्रबोध,प्रवीण और प्राज्ञ परीक्षा पुरस्कार

घ राजभाषा व्यक्तिगत नकद पुरस्कार <u>उत्तर</u>

14. कमलापति त्रिपाठी राजभाषा स्वर्ण पदक किस ग्रेड के अधिकारियों को प्रदान किया जाता है

क वरिष्ठ प्रशासनिक ग्रेड एवं उच्चतर ग्रेड के अधिकारियों को <u>उत्तर</u>

ख महाप्रबंधकों एवं उनसे वरिष्ठ अधिकारियों को

ग 'ग' क्षेत्र के प्रधान कार्यालयों/मंडलों तथा उत्पादन कारखानों के अधिकारियों को

घ ' ख ' क्षेत्र के प्रधान कार्यालयों/मंडलों तथा उत्पादन कारखानों के अधिकारियों

को

15. रेल मंत्री राजभाषा रजत पदक किस ग्रेड के अधिकारियों को प्रदान किया जाता है

क वरिष्ठ प्रशासनिक ग्रेड एवं उच्चतर ग्रेड के अधिकारियों को

ख महाप्रबंधकों एवं उनसे वरिष्ठ अधिकारियों को <u>उत्तर</u>

ग 'ग' क्षेत्र के प्रधान कार्यालयों/मंडलों तथा उत्पादन कारखानों के अधिकारियों को

घ ' ख ' क्षेत्र के प्रधान कार्यालयों/मंडलों तथा उत्पादन कारखानों के अधिकारियों को

16. सरकारी कामकाज में हिंदी का अधिकाधिक प्रयोग करने के लिए रेलवे बोर्ड की राजभाषा व्यक्तिगत नकद पुरस्कार किस आधार पर दिया जाता है

क अहिंदी भाषी अधिकारी / कर्मचारी कम से कम अपना 50% तथा.

ख हिंदी भाषी अधिकारी/कर्मचारी कम से कम अपना 75% कार्य हिंदी में करते हों

ग उपर्युक्त दोनों अधिकारी/कर्मचारी को <u>उत्तर</u>

घ हिंदी भाषी अधिकारी/कर्मचारी कम से कम अपना 90% कार्य हिंदी में करते हों

17. गृह मंत्रालय की अधिकारियों को हिंदी में अधिकाधिक डिक्टेशन देने के लिए प्रोत्साहित करने हेतु पुरस्कार के लिए निर्धारित न्यूनतम शब्दों की सीमा क्या है

क हिंदी भाषी अधिकारियों के लिए वर्ष में कम से कम 20,000 शब्द का डिक्टेशन

ख अहिंदी भाषी अधिकारियों के लिए वर्ष में कम से कम 10,000 शब्द का डिक्टेशन

ग उपर्युक्त दोनों अधिकारी <u>उत्तर</u>

घ अहिंदी भाषी अधिकारियों के लिए वर्ष में कम से कम 5000 शब्द का डिक्टेशन

18. हिंदी डिक्टेशन पुरस्कार योजना के अंतर्गत 'ग' क्षेत्र के अधिकारियों के लिए निर्धारित पुरस्कार की धनराशि क्या है?   *(NAIR/LDCE/2022/AOM)*

क ₹ 4000   ग ₹ 2000

ख ₹ 1000   घ ₹ 5000 <u>उत्तर</u>

19. 'ग' क्षेत्र के केंद्र सरकार के कार्यालयों में कार्यरत कर्मचारियों और अधिकारियों द्वारा हिंदी में नोटिंग का प्रतिशत कितना होना चाहिए?   *(NAIR/LDCE/2022/AFA)*

क 55   ग 30 <u>उत्तर</u>

ख 50   घ 20

20. राजभाषा विभाग, भारत सरकार समकालीन ज्ञान/ विज्ञान की विभिन्न धाराओं में मूल रूप से

Enter Caption

हिंदी में पुस्तक लिखने को प्रोत्साहित करने और राजभाषा हिंदी के उपयोग को बढ़ावा देने के उद्देश्य से पुरस्कार प्रदान करता है ? *(NAIR/LDCE/2022/AFA)*

क 'राजभाषा कीर्ति पुरस्कार
ग राजभाषा गौरव पुरस्कार *उत्तर*
ख राजभाषा शौर्य पुरस्कार
घ राजभाषा प्रमुख पुरस्कार

21. कमलापति त्रिपाठी राजभाषा स्वर्ण पदक किस स्तर के अधिकारी के लिए है?
(NAIR/LDCE/2022/ACM)

क प्रमुख विभागाध्यक्ष
ग महाप्रबंधक एवं उनसे ऊपर स्तर के अधिकारी के लिए *उत्तर*
ख 'सभी अधिकारियों के लिए
घ राजभाषा में उत्कृष्ट कार्य करने वाले अधिकारी के लिए

22. रेल मंत्री राजभाषा रजत पदक की पुरस्कार राशि क्या है? *(NAIR/LDCE/2022/ACM)*

क स्वर्ण पदक + रु. 10,000 नकद तथा प्रशस्ति पत्र
ग कांस्य पदक + रु. 6,000 नकद तथा प्रशस्ति पत्र *उत्तर*
ख रजत पदक + रु.8,000 नकद तथा प्रशस्ति पत्र
घ रजत पदक + रु. 9,000 नकद तथा प्रशस्ति पत्र

23. रेल कर्मचारियों की प्रतिभा का प्रतिसाहित करने के लिए काव्य संग्रह के लिए कौन-सी योजना चलाई जा रही है? *(NAIR/LDCE/2022/ACM)*

क मैथिलीशरण गुप्त पुरस्कार योजना *उत्तर*
ग महादेवी वर्मा पुरस्कार योजना
ख 'रामधारी सिंह दिनकर पुरस्कार योजना
घ 'हरिवंश राय बच्चन पुरस्कार योजना

24. इनमें से कौन सा सरकारी कामकाज में हिंदी के प्रयोग के लिए एक प्रोत्साहन है?
(APO-2022-NAIR-LDCE)

क 3000 रुपये का नकद पुरस्कार *उत्तर*
ग बारी से पहले पदोन्नति
ख 5000 रुपये का नकद पुरस्कार
घ एक अतिरिक्त वेतन वृद्धि

25. राजभाषा में तकनीकी और विज्ञान विषयों पर मूल पुस्तकें लिखने के लिए कौन सा पुरस्कार दिया जाता है *(APO-2022-NAIR-LDCE)*

क राजभाषा गौरव पुरस्कार *उत्तर*
ग राजभाषा ज्ञान पुरस्कार
ख राष्ट्रभाषा गौरव पुरस्कार
घ राजभाषा शिरोमणि

26. तकनीकी रेल विषयों पर हिंदी में मौलिक पुस्तक लिखने के लिए चालू की गई योजना कौन सी है? *(AMM-2022-NAIR-LDCE)*

क विश्वसरैया तकनीकी मौलिक पुस्तक लेखन पुरस्कार योजना
ग आचार्य महावीर प्रसाद तकनीकी मौलिक पुरस्कार योजना
ख लाल बहादुर शास्त्री तकनीक मौलिक लेख पुस्तक लेखन पुरस्कार योजना *उत्तर*
घ शिवसागर मिश्र तकनीकी मौलिक पुस्तक लेखन पुरस्कार योजना

Enter Caption

9

• विश्व हिंदी सम्मेलन •
विश्व हिन्दी दिवस

<u>विश्व हिंदी सम्मेलन</u>

विश्व में हिन्दी के प्रति जागरुकता पैदा करने, समय-समय पर हिन्दी की विकास यात्रा का आकलन करने, लेखक व पाठक दोनों के स्तर पर हिन्दी साहित्य के प्रति सरोकारों को और दृढ़ करने, जीवन के विभिन्न क्षेत्रों में हिन्दी के प्रयोग को प्रोत्साहन देने तथा हिन्दी के प्रति प्रवासी भारतीयों के भावुकतापूर्ण व महत्त्वपूर्ण रिश्तों को और अधिक गहराई व मान्यता प्रदान करने के उद्देश्य से 1975 में विश्व हिन्दी सम्मेलनों की शृंखला आरम्भ की गयी। इस बारे में तत्कालीन प्रधानमन्त्री श्रीमती इन्दिरा गान्धी ने पहल की थी।

विश्व हिंदी सम्मेलन की परिकल्पना राष्ट्रभाषा प्रचार समिति, वर्धा द्वारा 1973 में की गई थी। परिणामस्वरूप, पहला विश्व हिंदी सम्मेलन साढ़े चार दशक पूर्व 10-12 जनवरी, 1975 को नागपुर, भारत में आयोजित किया गया था।

- अब तक 12 विश्व हिंदी सम्मलेन विश्व के विभिन्न भागों में किए जा चुके हैं।
- पहला विश्व हिंदी सम्मेलन 1975 में नागपुर, भारत में आयोजित किया गया था।

तब से, विश्व के अलग-अलग भागों में, ऐसे 12 सम्मेलनों का आयोजन किया जा चुका है। ग्यारहवाँ विश्व हिंदी सम्मेलन, 2018 में पोर्ट लुई, मॉरिशस में, 12वाँ विश्व हिंदी सम्मेलन विदेश मंत्रालय द्वारा फिजी सरकार के सहयोग से 15 से 17 फरवरी, 2023 तक फिजी में आयोजित किया किया गया था।

विश्व हिंदी सम्मेलन का आयोजन हर चौथे वर्ष आयोजित किया जाता था लेकिन अब यह अन्तराल घटाकर ३ वर्ष कर दिया गया है।

विश्व हिंदी सम्मेलन के के आयोजन स्थल और आयोजन वर्ष

क्रम	वर्ष	स्थान	देश
1	1975	नागपुर	भारत
2	1976	पोर्ट लुई	मारीशस
3	1983	नई दिल्ली	भारत
4	1993	पोर्ट लुई	मारीशस
5	1996	त्रिनिडाड-टोबेगो	त्रिनिदाद और टोबैगो
6	1999	लंदन	यूनाइटेड किंगडम
7	2003	पारामरिबो	सूरीनाम
8	2007	न्यूयार्क	संयुक्त राज्य अमेरिका
9	2012	जोहांसबर्ग	दक्षिण अफ्रीका
10	2015	भोपाल	भारत
11	2018	पोर्ट लुई	मॉरिशस
12	2023	नाड़ी	फिजी

Enter Caption

विश्व हिन्दी सचिवालय

- 1975 में नागपुर में आयोजित प्रथम विश्व हिंदी सम्मेलन के दौरान मॉरीशस के तत्कालीन प्रधानमंत्री सर शिवसागर रामगुलाम ने विश्व स्तर पर हिंदी सम्बंधित गतिविधियों के समन्वयन के लिए एक संस्था की स्थापना का विचार रखा।
- विचार ने मंतव्य का रूप धारण किया और लगातार कई विश्व हिंदी सम्मेलनों में मंथन के बाद मॉरीशस में विश्व हिंदी सचिवालय स्थापित करने पर भारत और मॉरीशस सरकारों के बीच सहमति हुई ।
- दोनों सरकारों के बीच समझौते पर हस्ताक्षर किये गए तथा मॉरीशस की विधान सभा में अधिनियम पारित पारित किया गया ।
- 11 फ़रवरी, 2008 को विश्व हिंदी सचिवालय ने आधिकारिक रूप से कार्यारम्भ किया।

सचिवालय का मुख्य उद्देश्य एक अंतरराष्ट्रीय भाषा के रूप में हिंदी का प्रचार करना तथा हिंदी को संयुक्त राष्ट्र संघ की आधिकारिक भाषा बनाने के लिए एक वैश्विक मंच तैयार करना है।

विश्व हिन्दी दिवस

- 'विश्व हिन्दी दिवस' का उद्देश्य विश्व में हिंदी के प्रचार-प्रसार के लिये जागरूकता पैदा करना तथा हिन्दी को अन्तरराष्ट्रीय भाषा के रूप में पेश करना है।
- प्रथम विश्व हिन्दी सम्मेलन **10 जनवरी** 1974 को नागपुर में आयोजित हुआ इसलिए 'विश्व हिन्दी दिवस' **10 जनवरी** को मनाया जाता है।
- **विश्व हिंदी दिवस पहली बार 10 जनवरी, 2006 को मनाया गया था।**
- विश्व हिंदी सचिवालय मॉरिशस में स्थित है।

बहुविकल्पीय प्रश्न

1. विश्व हिंदी सम्मेलन कौन सा मंत्रालय आयोजित करता है ?
   - क गृह मंत्रालय
   - ग विदेश मंत्रालय _उत्तर_
   - ख राजभाषा विभाग
   - घ रेल मंत्रालय

2. किस स्थान पर पहला विश्व हिन्दी सम्मेलन-1975 का आयोजन हुआ था?
   - क **पोर्ट लुई, मॉरिशस**
   - ग **नाड़ी, फिजी**
   - ख **पारामरिबो, सूरीनाम**
   - घ **नागपुर, भारत** _उत्तर_

3. किन देशों में विश्व हिन्दी सम्मेलन का आयोजन तीन बार हो चुका है ?
   - क **भारत तथा मारीशस** _उत्तर_
   - ग **भारत तथा फिजी**
   - ख **भारत तथा सूरीनाम**
   - घ **भारत तथा संयुक्त राज्य अमेरिका**

4. किस स्थान पर 12वें विश्व हिन्दी सम्मेलन-2023 का आयोजन किया गया?
   - क **पोर्ट लुई, मॉरिशस**
   - ग **नाड़ी, फिजी** _उत्तर_
   - ख **पारामरिबो, सूरीनाम**
   - घ **न्यूयार्क, संयुक्त राज्य अमेरिका**

5. किस स्थान पर पिछला 11 वें विश्व हिन्दी सम्मेलन-2018 का आयोजन हुआ था?

Enter Caption

क	पोर्ट लुई, मॉरिशस **उत्तर**	ग	नाड़ी,फिजी
ख	पारामरिबो,सूरीनाम	घ	न्यूयार्क,संयुक्त राज्य अमेरिका

6. किस स्थान विश्व हिंदी सचिवालय स्थित है?

क	मॉरिशस **उत्तर**	ग	फिजी
ख	सूरीनाम	घ	भारत

7. किस वर्ष विश्व हिंदी सचिवालय ने कार्य करना प्रारंभ किया?

क	1975	ग	1995
ख	2006	घ	2008 **उत्तर**

8. 10 जनवरी को विश्व हिन्दी दिवस मनाने की शुरुआत किस वर्ष से हुई?

क	1974	ग	1976
ख	2006 **उत्तर**	घ	2012

9. किसने प्रति वर्ष विश्व हिन्दी दिवस के रूप मनाये जाने की घोषणा की थी ̇

क	10 जनवरी 2006 को पूर्व प्रधानमन्त्री मनमोहन सिंह ने **उत्तर**	ग	10 जनवरी 2008को मॉरीशस के तत्कालीन प्रधानमंत्री सर शिवसागर रामगुलाम ने
ख	10 जनवरी 1975 को पूर्व प्रधानमन्त्री श्रीमती इन्दिरा गान्धी ने	घ	10 जनवरी 1999 को पूर्व प्रधानमन्त्री अटल बिहारी वाजपेयी ने

10. 2023 में कौन-सा विश्व हिन्दी दिवस मनाया गया?

क	10 वां	ग	11 वां
ख	12 वां **उत्तर**	घ	13 वां

11. वर्ष 1951 में पहला विश्व हिन्दी सम्मेलन कहाँ आयोजित किया गया था?

(एलडीसीई-२०२२/ एइएन प्रश्न आई डी:– 500)

क दिल्ली भारत में

ख नागपुर भारत में **उत्तर**

ग काठमांडू नेपाल में

घ सुवा फिजी में

* *प्रश्न में दिया गया है कि वर्ष 1951 में पहला विश्व हिन्दी सम्मेलन हुआ था यह लेकिन यह गलत है पहला विश्व हिन्दी सम्मेलन 1951 में नहीं हुआ था बल्कि 1974 में संपन्न हुआ था*

Enter Caption

10

राजभाषा विभाग

राजभाषा संबंधी सांविधानिक और कानूनी उपबंधों का अनुपालन सुनिश्चित करने और संघ के सरकारी काम-काज में हिंदी के प्रयोग को बढ़ावा देने के लिए गृह मंत्रालय के एक स्वतंत्र विभाग के रूप में जून, 1975 में राजभाषा विभाग की स्थापना की गई थी । उसी समय से यह विभाग संघ के सरकारी काम-काज में हिंदी का प्रगामी प्रयोग बढ़ाने के लिए प्रयासरत है ।

भारत सरकार (कार्य आबंटन) नियम, 1961 के अनुसार, राजभाषा विभाग को निम्न कार्य सौंपे गए हैं -

- संविधान में राजभाषा से संबंधित उपबंधों तथा राजभाषा अधिनियम, 1963 (1963 का 19) के उपबंधों का कार्यान्वयन, उन उपबंधों को छोड़कर जिनका कार्यान्वयन किसी अन्य विभाग को सौंपा गया है ।
- किसी राज्य के उच्च न्यायालय की कार्यवाही में अंग्रेजी भाषा से भिन्न किसी अन्य भाषा का सीमित प्रयोग प्राधिकृत करने के लिए राष्ट्रपति का पूर्व अनुमोदन ।
- केंद्र सरकार के कर्मचारियों के लिए हिंदी शिक्षण योजना और पत्र-पत्रिकाओं और उससे संबंधित अन्य साहित्य के प्रकाशन सहित संघ की राजभाषा के रूप में हिंदी के प्रगामी प्रयोग से संबंधित सभी मामलों के लिए केंद्रीय उत्तरदायित्व ।
- संघ की राजभाषा के रूप में हिंदी के प्रगामी प्रयोग से संबंधित सभी मामलों में समन्वय, जिनमें प्रशासनिक शब्दावली, पाठ्य विवरण, पाठ्य पुस्तकें, प्रशिक्षण पाठ्यक्रम और उनके लिए अपेक्षित उपस्कर (मानकीकृत लिपि सहित) शामिल हैं ।
- केंद्रीय सचिवालय राजभाषा सेवा का गठन और संवर्ग प्रबंधन ।
- केंद्रीय हिंदी समिति से संबंधित मामले ।
- विभिन्न मंत्रालयों/विभागों द्वारा स्थापित हिंदी सलाहकार समितियों से संबंधित कार्य का समन्वय ।
- केंद्रीय अनुवाद ब्यूरो से संबंधित मामले ।
- हिंदी शिक्षण योजना सहित केंद्रीय हिंदी प्रशिक्षण संस्थान से संबंधित मामले ।
- क्षेत्रीय कार्यान्वयन कार्यालयों से संबंधित मामले ।
- संसदीय राजभाषा समिति से संबंधित मामले ।

उक्त संकल्प के उपबंधों के अनुसार केंद्र सरकार के कार्यालयों और सार्वजनिक क्षेत्र के बैंकों/उपक्रमों द्वारा कार्यान्वयन के लिए राजभाषा हिंदी के प्रसार और प्रगामी प्रयोग के लिए राजभाषा विभाग द्वारा वार्षिक कार्यक्रम तैयार किया जाता है

हिंदी शिक्षण योजना

संवैधानिक उपबंधों संवैधानिक उपबंधों के अनुपालन में केंद्रीय सरकार के हिंदी न जानने वाले कर्मचारियों को हिंदी सिखाने का कार्य सर्वप्रथम शिक्षा मंत्रालय द्वारा जुलाई, 1952 में

Enter Caption

प्रारम्भ किया गया।

राष्ट्रपति द्वारा गृह मंत्री को संबोधित 12 जून, 1955 के पत्र में दिए गए सुझावों पर कार्रवाई के अनुसरण में केंद्रीय सरकार के कर्मचारियों को हिंदी सिखाने का कार्य गृह मंत्रालय को सौंपे जाने का निर्णय लिया गया।

- तदनुसार अक्तूबर, 1955 से गृह मंत्रालय के तत्वावधान में हिंदी शिक्षण योजना के अंतर्गत कार्यालय समय में हिंदी कक्षाएँ चलाई जा रही हैं।
- सन 1974 से केंद्रीय सरकार के मंत्रालयों तथा उसके संबद्ध व अधीनस्थ कार्यालयों के कर्मचारियों के अतिरिक्त केंद्रीय सरकार के स्वामित्व अथवा नियंत्रणाधीन निगमों, निकायों, कंपनियों, उपक्रमों, बैंकों आदि के कर्मचारियों के लिए भी हिंदी भाषा, हिंदी टंकण तथा हिंदी आशुलिपि का प्रशिक्षण प्राप्त अनिवार्य कर दिया गया।
- सन 1975 में गृह मंत्रालय के अंतर्गत राजभाषा विभाग की स्थापना हुई और हिंदी शिक्षण योजना को राजभाषा विभाग के अधीन कर दिया गया।

प्रशिक्षण कार्यक्रमों के प्रकार

1. कार्यालय समय में पूर्णकालिक एवं अंशकालिक केन्द्रों के माध्यम से दीर्घकालीन प्रशिक्षण
2. हिंदी भाषा हिंदी शब्द संसाधन (कंप्यूटर) हिंदी टंकण (मैनुअल) और हिंदी आशुलिपि का गहन पूर्ण कार्यदिवसीय प्रशिक्षण।
3. पत्राचार पाठ्यक्रम के माध्यम से हिंदी भाषा एवं हिंदी शब्द संसाधन (कंप्यूटर) हिंदी टंकण (मैनुअल) का शण
4. अल्पावधि प्रशिक्षण (Validation Courses) | 5 दिवसीय अल्प अवधि प्रशिक्षण कार्यक्रम उपयोगकर्ता कार्यालयों की मांग पर संचालित किए जाते हैं।
5. इंटरनेट के माध्यम से वेब पर सीता प्रबोध, लीला प्रवीण एवं लीला प्राज्ञ पाठ्यक्रमों का स्वयं शिक्षण अवधि

हिंदी शिक्षण योजना (दीर्घ कालिक)कार्यक्रम एवं उनकी अवधि

	हिंदी शिक्षण योजना ()
प्रशिक्षण कार्यक्रम	प्रबोध, प्रवीण, प्राज्ञ पारंगत
अवधि	5 माह
सत्र	दो सत्र 1.जनवरी- मई 2. जुलाई नवंबर

Enter Caption

<u>हिंदी प्रबोध, प्रवीण, प्राज्ञ, पारंगत, हिंदी शब्द संसाधन / हिंदी टंकण और हिंदी आशुलिपि की परीक्षाएँ अच्छे अंकों से पास करने पर परीक्षा पुरस्कार योजना</u>

हिंदी प्रबोध, प्रवीण, प्राज्ञ, पारंगत, हिंदी शब्द संसाधन / हिंदी टंकण और हिंदी आशुलिपि की परीक्षाएँ अच्छे अंकों से पास करने पर केंद्र सरकार के अधिकारियों/कर्मचारियों को निम्न दो विधियों से पुरस्कृत किया जाता है

1. वैयक्तिक वेतन वृद्धि

2. नकद पुरस्कार

प्रबोध पाठ्यक्रम तथा परीक्षा		
अवधि	5 माह	
पात्रता	<ul><li>यह प्रशिक्षण प्रारंभिक स्तर का है।</li><li>वे सभी अधिकारी / कर्मचारी जिन्हें हिंदी का ज्ञान प्राइमरी स्तर तक का नहीं है. प्रबोध प्रशिक्षण के पात्र है। ।</li></ul>	
वैयक्तिक वेतन वृद्धि	<ul><li>वैयक्तिक वेतन केवल उन्हीं अराजपत्रित कर्मचारियों को दिया जाता है जिनके लिए प्रबोध पाठ्यक्रम अंतिम पाठ्यक्रम के रूप में निर्धारित किया गया है और जो इस परीक्षा को 55 प्रतिशत या अधिक अंक लेकर उत्तीर्ण करते हैं।</li><li>राजपत्रित अधिकारियों को प्रबोध परीक्षा उत्तीर्ण करने पर वैयक्तिक वेतन नहीं दिया जाता है।</li></ul>	
नकद पुरस्कार	1. 70 प्रतिशत या इससे अधिक अंक प्राप्त करने पर	1600/
	2. 60 प्रतिशत या इससे अधिक परंतु 70 प्रतिशत से कम अंक प्राप्त करने पर	800/-
	3. 55 प्रतिशत या इससे अधिक परंतु 60 प्रतिशत से कम अंक प्राप्त करने पर	400/-

प्रवीण पाठ्यक्रम तथा परीक्षा	
अवधि	5 माह
पात्रता	<ul><li>यह पाठ्यक्रम माध्यमिक स्तर का है।</li><li>इसमें प्रबोध परीक्षा उत्तीर्ण तथा मराठी तिथी, गुजराती, मैथिली, संथाली, बोडो डोरी नेपाली, बंगला, असमिया और उडिया भाषाभाषी अधिकारी / कर्मचारी जिन्हें मिडिल / माध्यमिक स्तर तक की हिंदी का ज्ञान नहीं है, सीधे प्रवेश ले सकते है ।</li></ul>
वैयक्तिक वेतन वृद्धि	<ul><li>वैयक्तिक वेतन केवल उन्हीं अधिकारियों/कर्मचारियों को दिया जाता है जिनके लिए प्रवीण पाठ्यक्रम अंतिम पाठ्यक्रम के रूप में निर्धारित</li></ul>

Enter Caption

	किया गया है और जो ➤ अराजपत्रित कर्मचारी 55 प्रतिशत या अधिक अंक लेकर उत्तीर्ण करते हैं। ➤ राजपत्रित अधिकारी 60 प्रतिशत या अधिक अंक लेकर उत्तीर्ण करते हैं।		
नकद पुरस्कार	1.	70 प्रतिशत या इससे अधिक अंक प्राप्त करने पर	1800/
	2.	60 प्रतिशत या इससे अधिक परंतु 70 प्रतिशत से कम अंक प्राप्त करने पर	1200/-
	3.	55 प्रतिशत या इससे अधिक परंतु 60 प्रतिशत से कम अंक प्राप्त करने पर	600/-

प्राज्ञ पाठ्यक्रम तथा परीक्षा

अवधि	5 माह
पात्रता	• यह उन सभी अधिकारियों / कर्मचारियों के लिए है, जो प्रवीण पास कर चुके हैं या जिनकी मातृभाषा उर्दू, कश्मीरी, पंजाबी तथा पश्तो है और जिनका हिंदी का ज्ञान मैट्रिक या दसवीं कक्षा से कम है, प्रशिक्षण हेतु पात्र हैं।
वैयक्तिक वेतन वृद्धि	• वैयक्तिक वेतन केवल उन्हीं अधिकारियों/कर्मचारियों को दिया जाता है जिनके लिए प्राज्ञ पाठ्यक्रम अंतिम पाठ्यक्रम के रूप में निर्धारित किया गया है और जो ➤ अराजपत्रित कर्मचारी प्राज्ञ परीक्षा उत्तीर्ण करते हैं। ➤ राजपत्रित अधिकारी 60 प्रतिशत या अधिक अंक लेकर प्राज्ञ परीक्षा उत्तीर्ण करते हैं।

नकद पुरस्कार	1.	70 प्रतिशत या इससे अधिक अंक प्राप्त करने पर	2400/
	2.	60 प्रतिशत या इससे अधिक परंतु 70 प्रतिशत से कम अंक प्राप्त करने पर	1600/-
	3.	55 प्रतिशत या इससे अधिक परंतु 60 प्रतिशत से कम अंक प्राप्त करने पर	800/-

पारंगत पाठ्यक्रम तथा परीक्षा

अवधि	5 माह

Enter Caption

पात्रता	केंद्र सरकार के सभी मंत्रालयों / विभागों तथा उनके संबद्ध तथा अधीनस्थ कार्यालयों, केंद्र सरकार के स्वामित्व अथवा नियंत्रणाधीन सार्वजनिक क्षेत्र के उपक्रमों / सांविधिक निकायों / उद्यमों / अभिकरणों / निगमों तथा राष्ट्रीयकृत बैंकों के हिंदी में कार्यसाधक ज्ञान प्राप्त सभी कार्मिक, पारंगत पाठ्यक्रम के प्रशिक्षण हेतु पात्र होंगे ।

(6) निजी प्रयत्नों से हिंदी शिक्षण योजना की हिंदी भाषा, हिंदी शब्द संसाधन /हिंदी टंकण एवं हिंदी आशुलिपि परीक्षाएँ उत्तीर्ण करने पर एक मुश्त पुरस्कार

1.	प्रबोधपरीक्षा	1600/-
2.	प्रवीणपरीक्षा	1500/-
3.	प्राज्ञपरीक्षा	2400/-

बहुविकल्पीय प्रश्न

1. संघ का राजकीय कार्य हिंदी में करने के लिए वार्षिक कार्यक्रम कौन तैयार करता है

क	राजभाषा विभाग **उत्तर**	ग	रेल मंत्रालय
ख	विदेश विभाग	घ	उपरोक्त में से कोई नहीं

2. किसके अनुपालन हेतु संघ का राजकीय कार्य हिंदी में करने के लिए वार्षिक कार्यक्रम तैयार किया जाता है?

क	राजभाषा अधिनियम -1963	ग	राजभाषा नियम-1976
ख	राष्ट्रपति का आदेश-1960	घ	राजभाषा संकल्प, 1968 **उत्तर**

3. राजभाषा विभाग किस मंत्रालय के अन्तर्गत आता है?

क	रेल मंत्रालय	ग	विदेश मंत्रालय
ख	गृह मंत्रालय **उत्तर**	घ	उपरोक्त में से कोई नहीं

4. हिंदी शिक्षण योजना किस द्वारा संचालित है?

क	राजभाषा विभाग, गृह मंत्रालय **उत्तर**	ग	विदेश मंत्रालय
ख	रेल मंत्रालय	घ	उपरोक्त में से कोई नहीं

5. राजभाषा का वार्षिक कार्यक्रम कौन तैयार करता है?

क	राजभाषा विभाग, गृह मंत्रालय **उत्तर**	ग	विदेश मंत्रालय
ख	रेल मंत्रालय	घ	उपरोक्त में से कोई नहीं

6. केंद्रीय सरकार का राजकीय कार्य हिंदी में करने के लिए वार्षिक कार्यक्रम तैयार करने की जिम्मेदारी किस मंत्रालय की है? *एलडीसीई-२०२२/एडब्लूएम् प्रश्न आई डी:- 834*

क	गृह मंत्रालय **उत्तर**	ग	कृषि मंत्रालय
ख	रेल मंत्रालय	घ	सड़क एवं परिवहन मंत्रालय

7. केंद्र सरकार के कर्मचारियों के लिए कितने स्तर के हिन्दी पाठ्यक्रम निर्धारित है

(एलडीसीई-२०२२/ एइएन प्रश्न आई डी:- 499)

क	एक	ग	तीन
ख	दो	घ	चार

Enter Caption

11

राजभाषा ज्ञान को चेक करने हेतु प्रश्नों का पुनः संकलन और उनके उत्तर

	बहुविकल्पीय प्रश्न	
1.	हिन्दी दिवस किस तिथि को मनाया जाता है? (एलडीसीई-२०२२/एडब्लूएम् प्रश्नआईडी:–837)	
	क 16 अप्रैल ग 14 सितम्बर ख 16 सितम्बर घ 2 अक्टूबर	
2.	हिन्दी दिवस कब मनाया जाता है? (एलडीसीई-२०२२/ एइएन प्रश्न आई डी:– 486)	
	क 18 जून ग 14 सितम्बर ख 15 जनवरी घ 27 नवंबर	
3.	निम्न से कौन कौन दस्तावेज़ राजभाषा अधिनियम 1963 की धारा 3(3) में आता है ? (एलडीसीई-२०२२/एडब्लूएम् /प्रश्न आई डी:– 838)	
	क कॉन्ट्रैक्ट्स (संविदा) ग रसोलूशन्स (संकल्प) ख नोटिफिकेशन (अधिसूचना) घ यह सभी विकल्प सही हैं	
4.	मूल संविधान के अनुच्छेद 343(2) के अनुसार कितनी कार्यावधि लिए संघ के राजकीय प्रयोजन अंग्रेज़ी का प्रयोग किया जाना सुनिश्चित किया गया है? (एलडीसीई-२०२२/एडब्लूएम् /प्रश्न आई डी:– 845)	
	क दस वर्ष तक ग बीस वर्ष तक ख पंद्रह वर्ष तक घ कोई समय सीमा नही है	
5.	संघ की राजभाषा हिंदी की लिपि क्या है? (एलडीसीई-२०२२/ एइएन/ प्रश्न आई डी:– 491)	
	क देवनागरी ग ब्राह्मी ख रोमन घ पाली	
6.	राजभाषा आयोग के प्रथम अध्यक्ष कौन थे? एलडीसीई-२०२२/ एइएन प्रश्न आई डी:– 485	
	क बी.जी. खेर ग ललित नारायण मिश्र ख जी.बी.पंत घ रामधारी सिंह दिनकर	
7.	निम्न से कौन सी भाषा संविधान की आठवी अनुसूची में सम्मिलित नही है? एलडीसीई-२०२२/एडब्लूएम् प्रश्न आई डी:– 836	
	क मलयालम ग भोजपुरी ख मैथिली घ तेलुगु	
8.	संविधान की आठवी अनुसूची में *कितनी भाषाए* सम्मिलित है? एलडीसीई-२०२२/एडब्लूएम् प्रश्न आई डी:– 839	
	क 25 ग 21 ख 22 घ 24	

Enter Caption

9.	निम्न से कौन सी भाषा संविधान की आठवी अनुसूची में सम्मिलित नही है? *एलडीसीई-२०२२/ एइएन /प्रश्न आई डी:- 483*
	क उर्दू ग संथाली ख कोंकणी घ राजस्थानी
10.	संविधान की आठवी अनुसूची में *कितनी भाषाए सम्मिलित है?* *एलडीसीई-२०२२/ एइएन/ प्रश्न आई डी:- 492*
	क 18 ग 22 ख 22 घ 24
11.	राजभाषा अधिनियम 1963 की धारा 3(3) के अंतर्गत आने वाले दस्तावेज़ को किस भाषा में जारी करना अनिवार्य है? *(एलडीसीई-२०२२/एडब्लूएम् प्रश्न आई डी:- 832)*
	क केवल हिंदी में ग क्षेत्रीय भाषा में ख केवल अंग्रेज़ी में घ हिंदी तथा अंग्रेज़ी में द्विभाषी रूप में
12.	राजभाषा नियम 1976 के अनुसार निम्न में कौन राज्य 'ग क्षेत्र में नही है ? *एलडीसीई-२०२२/एडब्लूएम् प्रश्न आई डी:- 833*
	क असम ग तमिलनाडु ख महाराष्ट्र घ सिक्किम
13.	राजभाषा नियम 1976 के अनुसार निम्न में कौन राज्य क क्षेत्र में नही है? *(एलडीसीई-२०२२/एडब्लूएम् प्रश्न आई डी:- 843)*
	क उत्तर प्रदेश ग छत्तीसगढ़ ख मध्य प्रदेश घ पंजाब
14.	राजभाषा नियम के अनुसार, अंदमान व निकोबार द्वीप किस क्षेत्र में आता है? *एलडीसीई-२०२२/ एइएन प्रश्न आई डी:- 488*
	क घ क्षेत्र में ग ख क्षेत्र में ख ग क्षेत्र में घ क क्षेत्र में
15.	किसी भाषा को राज्य की अधिकारिक भाषा के रूप में अपनाने का अधिकार किसे है ? *एलडीसीई-२०२२/ एइएन प्रश्न आई डी:- 482*
	क संसद के दोनों सदनों को ग राष्ट्रपति को ख राज्य विधायिका को घ प्रधानमंत्री को
16.	राजभाषा नियम 1976 के नियम 11 के अनुसार मैनुअल, संहिताएं, प्रक्रिया संबंधित अन्य साहित्य, लेखन सामग्री आदि किन भाषाओं में होनी चाहिए? *एलडीसीई-२०२२/ एइएन प्रश्न आई डी:- 486*
	क हिंदी में ग हिंदी तथा अंग्रेज़ी में

Enter Caption

	ख अंग्रेज़ी में घ स्थानीय भाषा में
17.	"क" क्षेत्र में स्थित केंद्र सरकार के एक कार्यालय से "क" क्षेत्र में स्थित राज्य सरकार के कार्यालयों को हिन्दी में मूल पत्राचार का लक्ष्य क्या है? *एलडीसीई-२०२२/ एडएन प्रश्न आई डी:- 490*
	क 50 % ग 75 % ख 60 % घ 100 %
18.	यदि किसी कर्मचारी ने हिन्दी माध्यम से मैट्रिक या कोई समकक्ष परीक्षा या उच्चतर परीक्षा पास की हो तो उसके हिन्दी ज्ञान को क्या समझा जाएगा? *एलडीसीई-२०२२/ एडएन प्रश्न आई डी:- 495*
	क प्रवीण स्तर ग प्रारंभिक स्तर ख प्राज्ञ, स्तर घ कार्यसाधक स्तर
19	केंद्रीय हिंदी समिति के अध्यक्ष कौन होते है? *(एलडीसीई-२०२२/एडब्लूएम्-प्रश्न आईडी:- 835)* *(एलडीसीई-२०२२/ एडएन प्रश्न आई डी:- 494)*
	क गृहमंत्री ग प्रधान मंत्री ख नेता प्रतिपक्ष घ रेलमंत्री
20.	केंद्रीय भारतीय भाषा संस्थान कहाँ स्थित है? *(एलडीसीई-२०२२/ एडएन प्रश्न आ डी:- 486)*
	क लखनऊ ग मैसूर ख हैदराबाद घ पटना
21.	भारत के किस एक मात्र राज्य की राजभाषा अंग्रेज़ी है? *(एलडीसीई-२०२२/ एडएन प्रश्न आई डी:- 481)*
	क गोवा ग मिजोरम ख पुदुचेरी घ नागालैंड
22.	निम्न अंग्रेजी शब्द तथा उनके हिंदी अनुवाद में उस युग्म का चयन करे जिसमें सही हिंदी अनुवाद नहीं दिया गया है? *(एलडीसीई-२०२२/एडब्लूएम् प्रश्न आई डी:- 841)*
	क Approved-अनुमोदित ख Sanctioned- स्वीकृत ग Draft- मसौदा घ Chief Administrative Officer-मुख्य कार्यपालक अधिकारी
23.	निम्न अंग्रेजी शब्द तथा उनके हिंदी अनुवाद में उस युग्म का चयन करें जिसमें अंग्रेजी शब्द का सही हिंदी अनुवाद नहीं दिया गया है? *(एलडीसीई-२०२२/एडब्लूएम् प्रश्न आई डी:- 844)*
	क Additional General Manager - अपर महाप्रबंधक

Enter Caption

	ख Principal Finance Advisor - वित्त सलाहकार ग Accident Relief Train- दुर्घटना राहत ट्रेन घ Divisional Mechanical Engineer- मंडल यांत्रिक अभियंता	
24.	निम्न अंग्रेजी शब्द तथा उनके हिंदी अनुवाद में उस युग्म का चयन करें जिसमें अंग्रेजी शब्द का सही हिंदी अनुवाद नहीं दिया गया है? (एलडीसीई-२०२२/एडब्लूएम् प्रश्न आई डी.:- 846)	
	क IRMS- भारतीय रेल प्रबंधक सेवा प्रबंधन ख Mechanical Engineer - यांत्रिक अभियंता ग Allowance- भत्ता घ Casual Labour- लापरवाह श्रमिक	
25.	मंडल राजभाषा कार्यान्वयन समिति की बैठक के अध्यक्ष कौन होते हैं? एलडीसीई-२०२२/एडब्लूएम् प्रश्न आई डी.:- 842	
	क मंडल रेल प्रबंधक ग उप महाप्रबंधक ख अपर मंडल रेल प्रबंधक घ राजभाषा अधिकारी	
26.	किसी भी कार्यालय की राजभाषा कार्यान्वयन समिति की बैठकों की आवृत्ति कितनी होती है? एलडीसीई-२०२२/ एइएन प्रश्न आई डी.:- 486	
	क महीने में एक बार ग छह महीने में एक बार ख तीन महीने में एक बार घ बारह महीनों में एक बार	
27.	केंद्रीय सरकार का राजकीय कार्य हिंदी में करने के लिए वार्षिक कार्यक्रम तैयार करने की जिम्मेदारी किस मंत्रालय की है? एलडीसीई-२०२२/एडब्लूएम् प्रश्न आई डी.:- 834	
	क गृह मंत्रालय ग कृषि मंत्रालय ख रेल मंत्रालय घ सड़क एवं परिवहन मंत्रालय	
28.	हिंदी में कथा / कहानी, उपन्यास, लेखन हेतु रेल मंत्रालय (रेलवे बोर्ड) द्वारा कौन सी पुरस्कार योजना लागू है? एलडीसीई-२०२२/एडब्लूएम् प्रश्न आई डी.:- 840	
	क मैथिलीशरण गुप्त पुरस्कार योजना ख प्रेमचंद पुरस्कार योजना ग यशपाल पुरस्कार योजना घ अज्ञेय पुरस्कार योजना	
29.	रेलवे बोर्ड द्वारा हिन्दी में काव्य लेखन के लिए कौन सा पुरस्कार प्रदान किया जाता है ? एलडीसीई-२०२२/ एइएन प्रश्न आई डी.:- 487	
	क मैथिलीशरण गुप्त पुरस्कार योजना ख प्रेमचंद पुरस्कार योजना ग लाल बहादुर शास्त्री पुरस्कार घ जयशंकर प्रसाद पुरस्कार	

Enter Caption

30.	राजभाषा से क्या अभिप्राय है?
	क बोलचाल की भाषा ग सरकारी कार्यालयों की भाषा ख संविधान की भाषा घ राष्ट्रभाषा
31.	हिंदी को संघ की राजभाषा बनाने के प्रस्ताव के प्रस्तावक कौन थे?
	क श्री गोपालस्वामी आयंगर ग पंडित जवाहरलाल नेहरू ख श्री राजेंद्र प्रसाद घ श्री लाल बहादुर शास्त्री
32.	संविधान के अनुसार भारत की राष्ट्रभाषा कौन सी है ?
	क हिंदी ग अंग्रेजी ख दोनों घ उपरोक्त में से कोई नहीं
32.	भारतीय संविधान के भाग 5 का अनुच्छेद 120 मूलतः किससे सम्बंधित है ?
	क संसद में प्रयोग की जाने वाली भाषा ग विधान-मंडल में प्रयोग की जाने वाली भाषा ख राज्य की राजभाषा या राजभाषाएँ घ उपर्युक्त सभी
33.	भारतीय संविधान के भाग 6 के किस अनुच्छेद के अंतर्गत राजभाषा सम्बंधित प्रावधानों का उल्लेख है ?
	क अनुच्छेद 120 ग अनुच्छेद 210 ख अनुच्छेद 343-351 घ अनुच्छेद 245-258
34.	भारतीय संविधान के भाग 6 के अनुच्छेद 210 के अंतर्गत मूलतः किससे सम्बंधित है ?
	क संसद में प्रयोग की जाने वाली भाषा ग विधान-मंडल में प्रयोग की जाने वाली भाषा ख राज्य की राजभाषा या राजभाषाएँ घ उपर्युक्त सभी
35.	राज्य विधान मंडल में प्रयोग की जाने वाली भाषा का उल्लेख संविधान के किस अनुच्छेद में है ?
	क 120 ग 210 ख 343-351 घ 245-258
36.	भारतीय संविधान के भाग 17 का अध्याय 2 किससे सम्बंधित है ?
	क संघ की भाषा से सम्बंधित ख प्रादेशिक भाषाएं से संबंधित ग सर्वोच्च न्यायालय, उच्च न्यायालयों आदि की भाषा से सम्बंधित घ विशेष निर्देश से सम्बंधित
37.	भारतीय संविधान के भाग 6 का अनुच्छेद 210 का क्या कहना है?
	क राज्य के विधान-मंडल में कार्य राज्य की राजभाषा या राजभाषाओं में या हिंदी में या अंग्रेजी में किया जाएगा ख विधान सभा का अध्यक्ष या विधान परिषद का सभापति अथवा उस रूप में कार्य

Enter Caption

	करने वाला व्यक्ति किसी सदस्य को, जो पूर्वोक्त भाषाओं में से किसी भाषा ं अपनी पर्याप्त अभिव्यक्ति नहीं कर सकता है, अपनी मातृभाषा में सदन व संबोधित करने की अनुज्ञा दे सकेगा । ग उपरोक्त सभी कथन सत्य हैं । घ उपरोक्त में से कोई कथन सत्य नहीं हैं ।
38.	भारतीय संविधान के भाग 17 में किन अनुच्छेदों में राजभाषा सम्बन्धी प्रावधानों का उल्लेख है ?
	क 343 अनुच्छेद से 351 अनुच्छेद तक ग 342 अनुच्छेद से 351 अनुच्छेद तक ख 343 अनुच्छेद से 355 अनुच्छेद तक घ 342 अनुच्छेद से 350 अनुच्छेद तक
39.	भारतीय संविधान के भाग 17 कुल कितने अध्यायों (चैप्टर्स)में वर्गीकृत है ?
	क 1(चैप्टर्स)में ग 2 अध्यायों (चैप्टर्स)में ख 3 अध्यायों (चैप्टर्स)में घ 4 अध्यायों (चैप्टर्स)में
40.	पहली राजभाषा आयोग ने कब को अपना प्रतिवेदन(रिपोर्ट) राष्ट्रपति को प्रस्तुत किया?
	क 1955 में ग 1954 में ख 1953 में घ 1956 में
41.	भारतीय संविधान के भाग में अध्याय (चैप्टर्स) है ?
	क अध्याय 1,अध्याय 2,अध्याय 3,अध्याय 4 ग अध्याय 1, अध्याय 2 ख अध्याय 1,अध्याय , अध्याय 3 घ अध्याय 3, अध्याय 4
42.	संविधान के भाग XVII में कितने अनुच्छेद है?
	क 6 अनुच्छेद ग 7 अनुच्छेद ख 8 अनुच्छेद घ 9 अनुच्छेद
43.	संसद में संविधान का भाग XVII किस तारीख़ को पारित हुआ ?
	क 14.10.1949 ग 14.08.1949 ख 14.09.1949 घ 14.07.1949
44.	राजभाषा नीति की जानकारी देने वाले अनुच्छेद 343-351, सविधान के किस भाग में हैं ?
	क भाग XVII (सत्रहवें भाग में) ग भाग XV (पन्द्रहवें भाग में) ख भाग XVI (सोलहवें भाग में) घ भाग XIV (चौदहवें भाग में)
45.	भारत की संविधान सभा द्वारा हिंदी को मान्यता दी गयी हैं :
	क राजभाषा के रूप में ग राष्ट्रभाषा के रूप में ख उत्तर भारत की भाषा के रूप में घ मानक भाषा के रूप में

Enter Caption

46.	भारतीय संविधान के भाग 17 का अध्याय 1 किससे सम्बंधित है ?
	क संघ की भाषा ख क्षेत्रीय भाषाएँ ग सर्वोच्च न्यायालय, उच्च न्यायालयों आदि की भाषा। घ विशेष निर्देश
47.	भारतीय संविधान के भाग 17 का अध्याय 1 में किन अनुच्छेदों में राजभाषा सम्बन्धी प्रावधानों का उल्लेख है ?
	क 343 and 344 अनुच्छेदों में ख 345-347 अनुच्छेदों में ग 348 -349 अनुच्छेदों में घ 350, 350 क, 350 ख और 351 अनुच्छेदों में
48.	भारतीय संविधान के भाग 17 का अध्याय 2 में किन अनुच्छेदों में राजभाषा सम्बन्धी प्रावधानों का उल्लेख है ?
	क 343 and 344 अनुच्छेदों में ख 345-347 अनुच्छेदों में ग 348 -349 अनुच्छेदों में घ 350, 350 क, 350 ख और 351 अनुच्छेदों में
49.	भारतीय संविधान के भाग 17 का अध्याय 3 किससे सम्बंधित है ?
	क संघ की भाषा ख क्षेत्रीय भाषाएँ ग सर्वोच्च न्यायालय, उच्च न्यायालयों आदि की भाषा। घ विशेष निर्देश
50.	भारतीय संविधान के भाग 17 का अध्याय 3 में किन अनुच्छेदों में राजभाषा सम्बन्धी प्रावधानों का उल्लेख है ?
	क 343 and 344 अनुच्छेदों में ख 345-347 अनुच्छेदों में ग 348 -349, अनुच्छेदों में घ 350, 350 क, 350 ख और 351 अनुच्छेदों में
51.	भारतीय संविधान के भाग 17 का अध्याय 4 किससे सम्बंधित है ?
	क संघ की भाषा ख क्षेत्रीय भाषाएँ ग सर्वोच्च न्यायालय, उच्च न्यायालयों आदि की भाषा। घ विशेष निर्देश
52.	भारतीय संविधान के भाग 17 का अध्याय 4 में किन अनुच्छेदों में राजभाषा

Enter Caption

		सम्बन्धी प्रावधानों का उल्लेख है ?
	क	343 and 344
	ख	345-347
	ग	348 -349,
	घ	350, 350 क, 350 ख और 351.
53.		अनुच्छेद 343 मूलतः किससे सम्बंधित है ?
	क	संघ की राजभाषा
	ख	राजभाषा के संबंध में आयोग और संसद की समिति
	ग	राज्य की राजभाषा या राजभाषाएं
	घ	एक राज्य और दूसरे राज्य के बीच या किसी राज्य और संघ के बीच पत्रादि की राजभाषा
54.		भारतीय संविधान का अनुच्छेद 343 का क्या कहना है?
	क	संघ की राजभाषा हिंदी और लिपि देवनागरी होगी
	ख	संघ के शासकीय प्रयोजनों के लिए प्रयोग होने वाले अंकों का रूप भारतीय अंकों का अंतर्राष्ट्रीय रूप होगा
	ग	उपरोक्त सभी कथन सत्य हैं
	घ	उपरोक्त में से कोई नहीं
55.		संविधान के किस अनुच्छेद के अंतर्गत हिंदी को राजभाषा के रूप में दर्जा प्रदान किया गया है ?
	क अनुच्छेद 343 (i)	ग	अनुच्छेद 344(i)
	ख अनुच्छेद 344 (i)	घ	अनुच्छेद 347 (i)
56.		संविधान के किस अनुच्छेद में कहा गया है कि संघ की राजभाषा हिंदी और लिपि देवनागरी होगी एवं अंको का रूप भारतीय अंको का अंतरराष्ट्रीय रूप होगा?
	क अनुच्छेद 343 (i)	ग	अनुच्छेद 343(ii)
	ख अनुच्छेद 344 (i)	घ	अनुच्छेद 347 (i)
57.		15 वर्ष अर्थात 1965 तक अंग्रेजी भाषा का प्रयोग किए जाते रहने की बात संविधान के किस अनुच्छेद में की गई है?
	क अनुच्छेद 343 (i)	ग	अनुच्छेद 343(ii)
	ख अनुच्छेद 343(iii)	घ	अनुच्छेद 347 (i)
58.		मूल संविधान के अनुच्छेद 343(2) के अनुसार कितनी कार्यावधि लिए संघ के राजकीय प्रयोजन अंग्रेज़ी का प्रयोग किया जाना सुनिश्चित किया गया है?
	क	दस वर्ष तक
	ख	पंद्रह वर्ष तक

Enter Caption

	ग बीस वर्ष तक
	घ कोई समय सीमा नही है
59.	अनुच्छेद 344 मूलतः किससे सम्बंधित है ?
	क **संघ की राजभाषा से**
	ख राजभाषा के संबंध में आयोग और संसद की समिति से
	ग राज्य की राजभाषा या राजभाषाएं से
	घ एक राज्य और दूसरे राज्य के बीच या किसी राज्य और संघ के बीच पत्रादि की राजभाषा से
60.	भारतीय संविधान का अनुच्छेद 344 का क्या कहना है?
	क राष्ट्रपति एक राजभाषा आयोग गठित करेगा जो एक अध्यक्ष और आठवीं अनुसूची में विनिर्दिष्ट विभिन्न भाषाओं का प्रतिनिधित्व करने वाले ऐसे अन्य सदस्यों से मिलकर बनेगा
	ख आयोग का यह कर्तव्य होगा कि वह राष्ट्रपति को अपनी सिफारिश प्रस्तुत करे।
	ग एक संसदीय समिति गठित की जाएगी जो गठित आयोग की सिफारिशों की परीक्षा करे और राष्ट्रपति को उन पर अपनी राय के बारे में प्रतिवेदन दे
	घ उपरोक्त सभी कथन सत्य हैं
61.	किस अनुच्छेद के अंतर्गत राजभाषा आयोग का गठन किया जाता है ?
	क अनुच्छेद 343 ग अनुच्छेद 345
	ख अनुच्छेद 344 घ अनुच्छेद 347
62.	संविधान के प्रारंभ से 15 वर्ष की समाप्ति पर राष्ट्रपति द्वारा राजभाषा के संबंध में एक आयोग का गठन संविधान के किस अनुच्छेद में है?
	क अनुच्छेद 344 (i) ग अनुच्छेद 344(iii)
	ख अनुच्छेद 344 (ii) घ अनुच्छेद 344(iv)
63.	अनुच्छेद 344 के अनुसार गठित राजभाषा आयोग का क्या कर्तव्य हैं?
	क शासकीय प्रयोजनों के लिए हिंदी भाषा के अधिकाधिक प्रयोग के बारे में राष्ट्रपति को अपनी सिफारिश प्रस्तुत करे
	ख संघ के सभी या किन्हीं शासकीय प्रयोजनों के लिए अंग्रेजी भाषा के प्रयोग पर निर्बंधनों (रेस्ट्रिक्शन्स)के बारे में राष्ट्रपति को अपनी सिफारिश प्रस्तुत करे
	ग अनुच्छेद 348(उच्चतम न्यायालय और उच्च न्यायालयों में और अधिनियमों, विधेयकों आदि के लिए प्रयोग की जाने वाली भाषा) में उल्लिखित सभी या किन्हीं प्रयोजनों के लिए प्रयोग की जाने वाली भाषा के बारे में राष्ट्रपति को अपनी सिफारिश प्रस्तुत करे

Enter Caption

	घ उपर्युक्त सभी विकल्प सही हैं
64.	प्रथम राजभाषा आयोग का गठन कब किया गया था ?
	क 1955 में ग 1954 में ख 1953 में घ 1952 में
65.	प्रथम राजभाषा आयोग के अध्यक्ष कौन थे?
	क श्री रामकुमार वर्मा ग श्री जी.बी.पंत ख श्री बी.जी. खेर घ श्री लालबहादुर शास्त्री
66.	संविधान के 344 अनुच्छेद संविधान के प्रारंभ से कितने वर्ष की समाप्ति पर राष्ट्रपति द्वारा राजभाषा संबंध में एक आयोग का गठन की बात कही गयी है?
	क 5 वर्ष ग 10 वर्ष ख 15 वर्ष घ 20 वर्ष
67.	संसद् या किसी राज्य के विधान-मंडल द्वारा पारित सभी अधिनियमों के और राष्ट्रपति या किसी राज्य के राज्यपाल द्वारा प्रख्यापित सभी अध्यादेशों के, औरइस संविधान के अधीन अथवा संसद् या किसी राज्य के विधान-मंडल द्वारा बनाई गई किसी विधि के अधीन निकाले गए या बनाए गए सभी आदेशों, नियमों, विनियमों और उपविधियों के, प्राधिकृत पाठ किस भाषा में होते हैं?
	क हिंदी भाषा में ग हिंदी या अंग्रेजी भाषा में ख हिंदी एवं अंग्रेजी भाषा में घ अंग्रेजी भाषा में
68.	संसदीय राजभाषा समिति की मुख्य उद्देशय क्या है ?
	क हिंदी के प्रगामी (प्रोग्रेसिव)प्रयोग की समीक्षा करना ख राजभाषा संबंध में एक आयोग का गठन ग आलेख एवं साक्ष्य(ड्राफ्टिंग और एविडेंस) उपसमिति का गठन घ हिंदी सलाहकार समिति का गठन
69.	राजभाषा की संसदीय समिति में राज्य सभा के कितने सदस्य होतें है ?
	क 10 सदस्य ग 20 सदस्य ख 30 सदस्य घ 40 सदस्य
70.	राजभाषा की संसदीय समिति में लोक सभा के कितने सदस्य होतें है ?
	क 10 सदस्य ग 20 सदस्य ख 30 सदस्य घ 40 सदस्य
71.	प्रथम संसदीय समिति के अध्यक्ष कौन थे?
	क श्री रामकुमार वर्मा ग श्री जी.बी.पंत ख श्री बी.जी. खेर घ श्री लालबहादुर शास्त्री
72.	वर्तमान संसदीय राजभाषा समिति का गठन कब हुआ ?
	क 1976 ग 1967

Enter Caption

	ख 1980	घ 1981	
73.	वर्ष 1976 में गठित संसदीय राजभाषा समिति के अध्यक्ष कौन थे?		
	क तत्कालीन गृह मंत्री श्री लालबहादुर शास्त्री	ग तत्कालीन गृह मंत्री श्री बी.जी. खेर	
	ख तत्कालीन गृह मंत्री ओम मेहता	घ तत्कालीन गृह मंत्री श्री जी.बी.पंत	
74.	किस अनुच्छेद के अंतर्गत संसदीय समिति का गठन किया जाता है?		
	क अनुच्छेद 343	ग अनुच्छेद 345	
	ख अनुच्छेद 344	घ अनुच्छेद 347	
75.	संसदीय राजभाषा समिति की कौन-सी उपसमिति प्रतिवेदन का मसौदा(ड्राफ्ट) तैयार करती है ?		
	क आलेख एवं साक्ष्य(ड्राफ्टिंग और एविडेंस) उपसमिति	ग राजभाषा कार्यान्वयन समिति	
	ख नगर राजभाषा कार्यान्वयन समिति(टाउन ऑफिसियल लैंग्वेज इम्प्लीमेंटेशन कमेटी)	घ हिंदी सलाहकार समिति	
76.	फिलहाल राजभाषा की संसदीय समिति की कितनी उप-समितिया है ?		
	क 1 उप-समितिया	ग 2 उप-समितिया	
	ख 3 उप-समितिया	घ 4 उप-समितिया	
77.	अनुच्छेद 345 मूलतः किससे सम्बंधित है ?		
	क **संघ की राजभाषा** ख राजभाषा के संबंध में आयोग और संसद की समिति ग राज्य की राजभाषा या राजभाषाएं घ एक राज्य और दूसरे राज्य के बीच या किसी राज्य और संघ के बीच पत्रादि की राजभाषा		
78.	एक राज्य और दूसरे राज्य के बीच होने वाले पत्र व्यवहार का उल्लेख संविधान के किस अनुच्छेद में है?		
	क अनुच्छेद 343 में	ग अनुच्छेद 345 में	
	ख अनुच्छेद 346 में	घ अनुच्छेद 347 में	
79.	किसी राज्य द्वारा राज्य की दूसरी भाषा घोषित करने का उपबंध संविधान के किस अनुच्छेद में है?		
	क अनुच्छेद 343 में	ग अनुच्छेद 345 में	
	ख अनुच्छेद 344 में	घ अनुच्छेद 347 में	
80	उच्च न्यायालय और उच्चतम न्यायालय की भाषा का उपबंध संविधान के किस अनुच्छेद में है?		
	क अनुच्छेद 343 में	ग अनुच्छेद 349 में	

Enter Caption

	ख अनुच्छेद 348 में	घ अनुच्छेद 347 में	
81.	संविधान के अनुच्छेद 348 के अनुसार उच्चतम न्यायालय एवं उच्च न्यायालयों में सभी कार्यवाही किस भाषा में होगी ?		
	क हिन्दी या अंग्रेजी में	ग केवल हिन्दी में	
	ख हिन्दी और अंग्रेजी दोनों में	घ केवल अंग्रेजी में	
82.	राजभाषा संबंधी कोई भी विधेयक राष्ट्रपति की पूर्व मंजूरी के बिना पेश नहीं किया जा सकता और राष्ट्रपति भी आयोग की सिफारिशों पर विचार करने के बाद ही मंजूरी दे सकेगा संविधान के किस अनुच्छेद में इस बात का उल्लेख है?		
	क अनुच्छेद 349	ग अनुच्छेद 345	
	ख अनुच्छेद 344	घ अनुच्छेद 348	
83..	भाषाई अल्पसंख्यक वर्गों के लिए प्राथमिक स्तर पर मातृभाषा में शिक्षा की सुविधाएं उपलब्ध कराई जाएं इस बात का उल्लेख विधान के किस अनुच्छेद में इस बात का उल्लेख है?		
	क अनुच्छेद 349	ग अनुच्छेद 351	
	ख अनुच्छेद 350 क	घ अनुच्छेद 350 ख	
84.	किस अनुच्छेद में कहा गया है कि संघ का यह कर्तव्य होगा की वह हिन्दी भाषा का प्रसार बढ़ाए?		
	क अनुच्छेद 349	ग अनुच्छेद 350	
	ख अनुच्छेद 351	घ अनुच्छेद 348	
85.	संविधान की कौन - सी अनुसूची में क्षेत्रीय भाषाओं का उल्लेख है ?		
	क दसवीं अनुसूची	ग .नौवीं अनुसूची	
	ख आठवीं अनुसूची	घ सातवीं अनुसूची	
86.	संविधान की आठवीं अनुसूची में सम्मिलित भाषाओं की संख्या कितनी है ?		
	क 20	ग 21	
	ख 23	घ 22	
87.	निम्नलिखित में कौन - सी भाषा संविधान की 8वीं अनुसूची में नहीं है ?		
	क बांग्ला	ग अंग्रेजी	
	ख मराठी	घ तेलुगू	
88.	सिंधी को किस संवैधानिक संशोधन द्वारा संविधान की 8 वीं अनुसूची में शामिल किया गया ?		
	क 21वें	ग 61वें	
	ख 31वें	घ 71वें	
89.	कौन - सी भाषा हमारे संविधान की आठवीं अनुसूची में सम्मिलित नहीं है ?		

Enter Caption

	क राजस्थानी	ग	उर्दू
	ख मराठी	घ	तेलुगू
90.	किस संवैधानिक संशोधन के द्वारा संविधान भारतीय संविधान की 8वीं अनुसूची में बोडो, डोगरी, संथाली और मैथिली भाषाओं का समावेश किया गया ?		
	क 21वें संविधान संशोधन द्वारा	ग	71वें संविधान संशोधन द्वारा
	ख 31वें संविधान संशोधन द्वारा	घ	92 वाँ संविधान संशोधन द्वारा
91.	भारत के किस राज्य में उर्दू को प्रथम राजभाषा का दर्जा प्रदान किया गया है ?		
	क जम्मू-कश्मीर	ग	हिमाचल प्रदेश
	ख बिहार	घ	असम
92.	निम्नलिखित में कौन - सी भाषा संविधान की मूल 8वीं अनुसूची में शामिल नहीं थी लेकिन उसे संवैधानिक संशोधन के द्वारा 8वीं अनुसूची में जोड़ा गया है ?		
	क उर्दू	ग	सिंधी
	ख संस्कृत भाषा	घ	कश्मीरी
93.	संविधान के अनुसार सांविधिक नियमों, विनियमों और आदेशों का अनुवाद कौन करता है ?		
	क रेल मंत्रालय	ग	वित्त मंत्रालय
	ख विधि मंत्रालय	घ	गृह मंत्रालय
94.	राष्ट्रपति आदेश में किस उम्र तक के केंद्रीय कर्मचारियों को सेवाकालीन प्रशिक्षण अनिवार्य है?		
	क 40 वर्ष से कम आयु वाले	ग	42 वर्ष से कम आयु वाले
	ख 50 वर्ष से कम आयु वाले	घ	45 वर्ष से कम आयु वाले
95.	राजभाषा अधिनियम कब पारित हुआ ?		
	क 10 मई 1963 ग 1953		
	ख 1976 घ 1979		
96.	राजभाषा अधिनियम 1963 कब संशोधित हुआ था?		
	क 1953 में ग 1967 में		
	ख 1976 में घ 1979 में		
97.	राजभाषा अधिनियम 1963 में कुल कितनी धाराएं है?		
	क 9 धाराएं ग 10 धाराएं		
	ख 11 धाराएं घ 12 धाराएं		
98.	**राजभाषा अधिनियम** 1963 की धारा 1 किससे सम्बंधित हैं?		
	क संक्षिप्त नाम और प्रारम्भ		
	ख परिभाषाएं		
	ग संघ के राजकीय प्रयोजनों के लिए और संसद में प्रयोग के लिए अंग्रेजी भाषा		

	का रहना
	घ राजभाषा के सम्बन्ध में समिति
99.	**राजभाषा अधिनियम** 1963 की धारा 1 में क्या कहा गया हैं ?
	क यह अधिनियम राजभाषा अधिनियम, 1963 कहा जा सकेगा।
	ख धारा 3, जनवरी, 1965 के 26 वें दिन को प्रवृत होगी
	ग उपरोक्त दोनों बाते कहीं गयी हैं
	घ राजभाषा के सम्बन्ध में समिति का विवरण दिया गया हैं
100.	राजभाषा अधिनियम की धारा 3(3) कब से प्रवृत हुई ?
	क 26 जनवरी 1965 — ग 26 जनवरी 1967
	ख 26 जनवरी 1968 — घ 26 जनवरी 1969
101.	**राजभाषा अधिनियम** 1963 की धारा 2 किससे सम्बंधित हैं?
	क संक्षिप्त नाम और प्रारम्भ
	ख परिभाषाएं
	ग संघ के राजकीय प्रयोजनों के लिए और संसद में प्रयोग के लिए अंग्रेजी भाषा का रहना
	घ राजभाषा के सम्बन्ध में समिति
102.	**राजभाषा अधिनियम** 1963 धारा 3 की उपधारा 3 किससे सम्बंधित हैं?
	क राजभाषा के सम्बन्ध में समिति
	ख उन मदो का विवरण हैं जिनके लिए हिंदी या अंग्रेजी भाषा में से कोई एक का प्रयोग किया जाना हैं
	ग संघ के राजकीय प्रयोजनों के लिए और संसद में प्रयोग के लिए अंग्रेजी भाषा का रहना
	घ उन मदो का विवरण हैं जिनके लिए हिंदी और अंग्रेजी भाषा दोनों ही का प्रयोग किया जाना हैं
103.	**राजभाषा अधिनियम** 1963 की धारा 3 उपधाराके अनुसार कुल कितने प्रपत्रों हिंदी और अंग्रेजी भाषा दोनों ही को जारी करना आवश्यक हैं?
	क 11 प्रपत्रों को — ग 13 प्रपत्रों को
	ख 12 प्रपत्रों को — घ 14 प्रपत्रों को
104.	**राजभाषा अधिनियम** 1963 की धारा 3 उपधाराके अनुसार केन्द्रीय सरकार के निम्न में से कौन दस्तावेज़ हिंदी और अंग्रेजी भाषा दोनों ही को जारी करना आवश्यक हैं ?
	क 1.संकल्पों 2. साधारण आदेशों 2. नियमों 3 अधिसूचनाओं4.प्रशासनिक या 5.अन्य प्रतिवेदनों 6. प्रेस विज्ञप्तियों के लिए
	ख संसद के किसी सदन या सदनों के समक्ष रखे गए
	3. प्रशासनिक तथा अन्य प्रतिवेदनों और

Enter Caption

	4. राजकीय कागज-पत्रों के लिए ; ग केन्द्रीय सरकार के निष्पादित 7. संविदाओं और 8. करारों के लिए तथा 9. निकाली गई अनुज्ञप्तियो 10. अनुज्ञापत्रों 11. सूचनाओं 12. निविदा-प्ररूप घ उपरोक्त सभी दस्तावेज़ हिंदी और अंग्रेजी भाषा दोनों ही को जारी करना आवश्यक हैं
105.	ऐसे सभी राज्यों जिन्होंने हिन्दी को अपनी राजभाषा के रूप में नहीं अपनाया है अंग्रेजी भाषा का प्रयोग समाप्त कर देने के लिए हेतु प्रावधान हैं?
	क ऐसे सभी राज्यों के विधान मण्डलों द्वारा, जिन्होंने हिन्दी को अपनी राजभाषा के रूप में नहीं अपनाया है, संकल्प पारित किया जायेगा ख संकल्पों पर विचार कर लेने के पश्चात् ऐसी समाप्ति के लिए संसद के हर एक सदन द्वारा संकल्प पारित किया जायेगा ग उपरोक्त सभी प्रक्रियाओं का पालन आवश्यक हैं घ उपरोक्त में से कोई नहीं
106.	**राजभाषा अधिनियम** 1963 की धारा 4 किससे सम्बंधित हैं?
	क संक्षिप्त नाम और प्रारम्भ ख परिभाषाएं ग संघ के राजकीय प्रयोजनों के लिए और संसद में प्रयोग के लिए अंग्रेजी भाषा का रहना घ राजभाषा के सम्बन्ध में समिति
107.	**राजभाषा अधिनियम** 1963 की धारा 9 में क्या कहा गया हैं?
	क धारा 6 और धारा 7 के उपबन्ध जम्मू-कश्मीर राज्य को लागू न होंगे। ख परिभाषाएं ग संघ के राजकीय प्रयोजनों के लिए और संसद में प्रयोग के लिए अंग्रेजी भाषा का रहना घ राजभाषा के सम्बन्ध में समिति का विवरण दिया गया हैं
108.	राजभाषा अधिनियम 1963 की धाराएं 6 व 7 किस राज्य में लागू नहीं होतीं?
	क जम्मू-कश्मीर ग हिमाचल प्रदेश ख बिहार घ असम
109.	राजभाषा अधिनियम 1963 की धारा 7 किससे सम्बंधित है?

Enter Caption

• 140 •

	क	हिंदी के प्रगामी (प्रोग्रेसिव)प्रयोग से सम्बंधित
	ख	राजभाषा की संसदीय समिति से सम्बंधित
	ग	उच्च न्यायालयों के निर्णयों में हिंदी या अन्य राजभाषा के वैकल्पिक(ऑप्शनल) प्रयोग से सम्बंधित
	घ	उर्दू को राजभाषा के रूप में घोषित करने से सम्बंधित
110.	राजभाषा अधिनियम, 1963 क्यों पारित हुआ ?	
	क	1965 के बाद भी हिंदी के अलावा अंग्रेजी के प्रयोग को जारी रखने का प्रावधान करने के लिए
	ख	राजभाषा की संसदीय समिति सम्बंधित प्रावधान करने के लिए
	ग	उच्च न्यायालयों के निर्णयों में हिंदी या अन्य राजभाषा के वैकल्पिक(ऑप्शनल) सम्बंधित प्रावधान करने के लिए
	घ	उर्दू को राजभाषा के रूप में घोषित करने से सम्बंधित प्रावधान करने के लिए
111.	हिंदीतर (नॉन हिंदी)भाषी क्षेत्रों के निवासियों को दिए गए आश्वासनों को क़ानूनी रूप देने के लिए पारित अधिनियम कौन सा है?	
	क राजभाषा अधिनियम 1963 ख १९६८ में ऑफिसियल लैंग्वेजेज (अमेंडमेंट)एक्ट १९६७ ग राजभाषा नियम 1976 घ राजभाषा नियम 1982	
112.	किस धारा को १९६८ में ऑफिसियल लैंग्वेजेज (अमेंडमेंट)एक्ट १९६७ के द्वारा राजभाषा अधिनियम, 1963 में जोड़ा गया है?	
	क धारा-1 ग धारा-3 ख धारा-2 घ धारा-4	
113.	राजभाषा नियम कब पारित हुआ ?	
	क 1976 ग 1977 ख 1978 घ 1979	
114.	राजभाषा नियम 1976 में कुल कितने नियम है ?	
	क 9 नियम ग 10 नियम ख 11 नियम घ 12 नियम	
115.	राजभाषा नियम 1976 कब संशोधित हुआ?	
	क 1977 ग 1997 ख 1988 घ राजभाषा नियम 1976-, तीन बार1987,2007 तथा 2011 में संशोधित हुआ था।	
116.	राजभाषा नियम 1976 में नियम 1 किससे सम्बंधित है ?	

Enter Caption

क संक्षिप्त नाम, विस्तार और प्रारम्भ ग अनुपालन का उत्तरदायित्व ख हिन्दी का कार्यसाधक ज्ञान घ परिभाषाएं	
117.	राजभाषा नियम 1976 में नियम 1 में क्या उल्लेख है?
	क इन नियमों का संक्षिप्त नाम राजभाषा (संघ के शासकीय प्रयोजनों के लिए प्रयोग) नियम, 1976 है। ख इनका विस्तार, तमिलनाडु राज्य के सिवाय सम्पूर्ण भारत पर है। ग राजभाषा नियम 1976 -राजपत्र में प्रकाशन की तारीख को प्रवृत्त होंगे। घ उपरोक्त सभी
118.	राजभाषा नियम 1976 में नियम 2 किससे सम्बंधित है ?
	क संक्षिप्त नाम, विस्तार और प्रारम्भ से ग अनुपालन का उत्तरदायित्व से ख हिन्दी का कार्यसाधक ज्ञान से घ परिभाषाओं से
119.	राजभाषा नियम 1976 में नियम 2 में क्या है?
	क 'अधिनियम'का अर्थ ख 'केन्द्रीय सरकार के कार्यालय' है। ग देश के समस्त राज्यों और केंद्रशासित प्रदेशों 'का वर्गीकरण घ उपरोक्त सभी
120.	राजभाषा नियम 1976 के अनुसार केंद्रीय सरकार के किसी एक मंत्रालय या विभाग और किसी दूसरे मंत्रालय या विभाग के बीच पत्राचार किस भाषा में किया जा सकता है ?
	क अंग्रेजी में ग हिन्दी या अंग्रेजी में ख हिन्दी और अंग्रेजी द्विभाषी रूप घ हिन्दी में
121.	राजभाषा नियम 1976 के नियम 3 (ख) के अनुसार केंद्रीय सरकार के कार्यालयों से क्षेत्र क में किसी राज्य या संघ राज्य क्षेत्र या व्यक्ति को पत्र किस भाषा में भेजा जाएगा ?
	क अंग्रेजी में ग हिन्दी या अंग्रेजी में ख हिन्दी और अंग्रेजी द्विभाषी रूप घ असाधारण दशाओं को छोड़कर हिन्दी में होंगे
122.	राजभाषा नियम 1976 में नियम 5 में क्या उल्लेख है?
	क इन नियमों का संक्षिप्त नाम राजभाषा (संघ के शासकीय प्रयोजनों के लिए प्रयोग) नियम, 1976 है। ख इनका विस्तार, तमिलनाडु राज्य के सिवाय सम्पूर्ण भारत पर है। ग हिन्दी में पत्रादि के उत्तर केन्द्रीय सरकार के कार्यालय से हिन्दी में दिए जाएंगे घ उपरोक्त सभी
123.	राजभाषा नियम 1976 के किस नियम के अनुसार हिन्दी में प्राप्त पत्रादि के उत्तर हिन्दी में दिए जायेंगे?

	क	नियम-3		ग	नियम-4
	ख	नियम-5		घ	नियम-6
124.	नियम-5 के अनुसार हिन्दी में हस्ताक्षरित पत्रों का उत्तर किस भाषा में दिया जाना चाहिए ?				
	क	हिन्दी और अंग्रेजी दोनो		ग	अंग्रेजी में
	ख	हिन्दी में		घ	स्थानीय भाषा में
125.	राजभाषा नियम 1976 में नियम 6 में क्या उल्लेख है?				
	क	अधिनियम की धारा 3 की उपधारा (3) में निर्दिष्ट सभी दस्तावेजों के लिए हिन्दी और अंग्रेजी दोनों का प्रयोग किया जाएगा			
	ख	अधिनियम की धारा 3 की उपधारा (3) में निर्दिष्ट सभी दस्तावेजों पर हस्ताक्षर करने वाले व्यक्तियों का यह उत्तरदायित्व होगा कि वे यह सुनिश्चित कर लें कि ऐसी दस्तावेजें हिन्दी और अंग्रेजी दोनों ही में तैयार की जाती हैं			
	ग	अधिनियम की धारा 3 की उपधारा (3) में निर्दिष्ट सभी दस्तावेजों पर हस्ताक्षर करने वाले व्यक्तियों का यह उत्तरदायित्व होगा कि वे यह सुनिश्चित कर लें कि ऐसी दस्तावेजें हिन्दी और अंग्रेजी दोनों ही निष्पादित की जाती हैं और जारी की जाती हैं			
	घ	उपरोक्त सभी			
126.	राजभाषा नियम 1976 में नियम 7 में क्या उल्लेख है?				
	क	कोई कर्मचारी आवेदन, अपील या अभ्यावेदन हिन्दी या अंग्रेजी में कर सकता है।			
	ख	कोई आवेदन, अपील या अभ्यावेदन हिन्दी में किया गया हो या उस पर हिन्दी में हस्ताक्षर किए गए हों, तब उसका उत्तर हिन्दी में दिया जाएगा।			
	ग	यदि कोई कर्मचारी यह चाहता है कि सेवा संबंधी विषयों (जिनके अन्तर्गत अनुशासनिक कार्यवाहियां भी हैं) से संबंधित कोई आदेश या सूचना, जिसका कर्मचारी पर तामील किया जाना अपेक्षित है, यथास्थिति, हिन्दी या अंग्रेजी में होनी चाहिए तो वह उसे असम्यक विलम्ब के बिना उसी भाषा में दी जाएगी।			
	घ	उपरोक्त सभी			
127.	राजभाषा नियम 1976 में नियम 8 किससे सम्बंधित है ?				
	क	संक्षिप्त नाम, विस्तार और प्रारम्भ से		ग	अनुपालन का उत्तरदायित्व से
	ख	केन्द्रीय सरकार के कार्यालयों में टिप्पणों का लिखा जाना -		घ	परिभाषाओं से
128.	राजभाषा नियम 1976 में नियम 8 में क्या उल्लेख है?				
	क	कोई कर्मचारी किसी फाइल पर टिप्पण या कार्यवृत हिंदी या अंग्रेजी में लिख सकता है और उससे यह अपेक्षा नहीं की जाएगी कि वह उसका अनुवाद दूसरी भाषा में प्रस्तुत करे।			

Enter Caption

	ख	केन्द्रीय सरकार का कोई भी कर्मचारी, जो हिन्दी का कार्यसाधक ज्ञान रखता है, हिन्दी में किसी दस्तावेज के अंग्रेजी अनुवाद की मांग तभी कर सकता है, जब वह दस्तावेज विधिक या तकनीकी प्रकृति का है, अन्यथा नहीं।
	ग	कोई विशिष्ट दस्तावेज विधिक या तकनीकी प्रकृति का है या नहीं तो विभाग या कार्यालय का प्रधान उसका विनिश्चय करेगा।
	घ	केन्द्रीय सरकार, आदेश द्वारा ऐसे अधिसूचित कार्यालयों को विनिर्दिष्ट कर सकती है जहां ऐसे कर्मचारियों द्वारा,जिन्हें हिन्दी में प्रवीणता प्राप्त है, टिप्पण, प्रारूपण और ऐसे अन्य शासकीय प्रयोजनों के लिए, जो आदेश में विनिर्दिष्ट किए जाएं, केवल हिन्दी का प्रयोग किया जाएगा ।
	ङ	उपरोक्त सभी
129.	राजभाषा नियम 8 (1) के अनुसार केन्द्रीय सरकार के कार्यालयों में कोई की कर्मचारी किसी फाईल पर टिप्पणी या कार्यवृत्त किस भाषा में लिख सकता है?	
	क अंग्रेजी में ग हिन्दी या अंग्रेजी में ख हिन्दी और अंग्रेजी द्विभाषी रूप घ भाषायी क्षेत्र के आधार पर	
130.	राजभाषा नियम 8 (3) के अनुसार कोई भी दस्तावेज विधिक या तकनीकी प्रकृति का है या नहीं इसका विनिश्चय कौन करेगा ?	
	क राजभाषा विभाग ख राज्य सरकार ग विभाग या कार्यालय का प्रधान घ केन्द्रीय सरकार	
131	राजभाषा नियम 1976 में नियम 9 किससे सम्बंधित है?	
	क हिन्दी में प्रवीणता से ग हिन्दी का कार्यसाधक ज्ञान से ख क, ख और ग वर्गों से घ परिभाषाओं से	
132	यदि कोई कर्मचारी हिन्दी में प्रवीण तब माना जायेगा जब	
	क मैट्रिक परीक्षा या उसकी समतुल्य या उससे उच्चतर कोई परीक्षा हिन्दी के माध्यम से उत्तीर्ण कर ली है ख स्नातक परीक्षा में अथवा स्नातक परीक्षा की समतुल्य या उससे उच्चतर किसी अन्य परीक्षा में हिन्दी को एक वैकल्पिक विषय के रूप में लिया हो ग यह घोषणा करता है कि उसे हिन्दी में प्रवीणता प्राप्त है; घ उपरोक्त में से कोई एक भी	
133	राजभाषा नियम 1976 में नियम 10 किससे सम्बंधित है ?	
	क हिन्दी में प्रवीणता से ग हिन्दी का कार्यसाधक ज्ञान से ख क, ख और ग वर्गों से घ परिभाषाओं से	
134	राजभाषा नियम 1976 के किस नियम में हिन्दी में प्रवीणता की परिभाषा दी गई है?	

Enter Caption

	क	नियम 9		ग	नियम 10
	ख	नियम 11		घ	नियम 12

135 राजभाषा नियम 1976 में नियम 10- हिन्दी का कार्यसाधक ज्ञान में क्या उल्लेख है?-

क कर्मचारी को हिन्दी का कार्यसाधक ज्ञान प्राप्त होने का मापदंड

ख केन्द्रीय सरकार के जिन कार्यालयों में कर्मचारियों ने हिन्दी का कार्यसाधक ज्ञान प्राप्त कर लिया है उन कार्यालयों के नाम राजपत्र में अधिसूचित किए जाएंगे;

ग यदि केन्द्रीय सरकार की राय है कि किसी अधिसूचित कार्यालय में काम करने वाले और हिन्दी का कार्यसाधक ज्ञान रखने वाले कर्मचारियों का प्रतिशत किसी तारीख में से

80 प्रतिशत से कम हो गया है, तो वह राजपत्र में अधिसूचना द्वारा घोषित कर सकती है कि उक्त कार्यालय उस तारीख से अधिसूचित कार्यालय नहीं रह जाएगा

घ उपरोक्त सभी

136 यदि कोई कर्मचारी हिन्दी का कार्यसाधक ज्ञान प्राप्त   तब माना जायेगा जब

क मैट्रिक परीक्षा या उसकी समतुल्य या उससे उच्चतर परीक्षा हिन्दी विषय के साथ उत्तीर्ण कर ली है;

ख केन्द्रीय सरकार की हिन्दी परीका योजना के अन्तर्गत आयोजित प्राज्ञ परीक्षा या यदि उस सरकार द्वारा किसी विशिष्ट प्रवर्ग के पदों के सम्बन्ध में उस योजना के अन्तर्गत कोई निम्नतर परीक्षा विनिर्दिष्ट है, वह परीक्षा उत्तीर्ण कर ली है;

ग केन्द्रीय सरकार द्वारा उस निमित्त विनिर्दिष्ट कोई अन्य परीक्षा उत्तीर्ण कर ली है; या यदि वह इन नियमों से उपाबद्ध प्ररूप में यह घोषणा करता है कि उसने ऐसा ज्ञान प्राप्त कर लिया है

घ उपरोक्त में से कोई एक भी

137. राजभाषा नियम 1976 में नियम 11 किससे सम्बंधित है?

क हिन्दी में प्रवीणता से	ग	हिन्दी का कार्यसाधक ज्ञान से	
ख क, ख और ग वर्गों से	घ	मैनुअल, संहिताएं, प्रक्रिया संबंधी अन्य साहित्य, लेखन सामग्री आदि--	

138. राजभाषा हिंदीतर राज्यों में बोर्ड, साइन बोर्ड, नामपट्ट तथा दिशा संकेतकों के लिए क्षेत्रीय भाषा, हिंदी तथा अंग्रेजी, किस क्रम में, प्रयोग की जानी चाहिए?

क पहले हिंदी, फिर अंग्रेजी तथा उसके बाद क्षेत्रीय भाषा	ग	पहले हिंदी, फिर क्षेत्रीय भाषा तथा उसके बाद अंग्रेजी	
ख पहले अंग्रेजी, फिर हिंदी तथा उसके बाद क्षेत्रीय भाषा	घ	पहले क्षेत्रीय भाषा, फिर हिंदी तथा उसके बाद अंग्रेजी	

139. राजभाषा नियम-11 के तहत् द्विभाषिक स्टेशनरी आदि में हिन्दी का स्थान कहाँ

Enter Caption

	होगा?
	क अंग्रेजी के पहले ग अंग्रेजी के बाद ख अंग्रेजी के पहले या बाद घ भाषायी क्षेत्र के आधार पर अंग्रेजी के पहले या बाद
140.	राजभाषा नियम 11 (3) के अनुसार केन्द्रीय सरकार के किसी कार्यालय में प्रयोग के लिए नामपट्ट सूचनापट्ट पत्रशीर्ष और लिफाफों पर उत्कीर्ण लेख तथा लेखन सामग्री की अन्य मदे किस भाषा में मुद्रित या उत्कीर्ण होनी चाहिए ?
	क अंग्रेजी में ग हिन्दी ख हिन्दी और अंग्रेजी द्विभाषी रूप घ भाषायी क्षेत्र के आधार पर
141	राजभाषा नियम 1976 के नियम 11 (2) के अनुसार केंद्र सरकार के किसी कार्यालय में प्रयोग किए जाने वाले रजिस्टरों के प्रारूप और शीर्षक किस भाषा में लिखे जाने चाहिए ?
	क अंग्रेजी में ग हिन्दी ख हिन्दी और अंग्रेजी द्विभाषी रूप घ भाषायी क्षेत्र के आधार पर
142	राजभाषा नियम 1976 में नियम 12 किससे सम्बंधित है ?
	क संक्षिप्त नाम, विस्तार और प्रारम्भ से ग अनुपालन का उत्तरदायित्व से ख केन्द्रीय सरकार के कार्यालयों में टिप्पणों घ परिभाषाओं से का लिखा जाना -
143	राजभाषा अधिनियम एवं राजभाषा नियम 1976 के अनुपालन के लिए जिम्मेदार कौन हैं?
	क राज्य पाल ग गृहमन्त्री ख केन्द्रीय सरकार के प्रत्येक कार्यालय के प्रशासनिक घ राजभाषा विभाग प्रधान
144.	किसमें देश के समस्त राज्यों और केंद्रशाषित प्रदेशों को वर्गों में बांटा गया है
	क राजभाषा नियम 1976 ग राजभाषा संकल्प 1960 ख राजभाषा अधिनियम 1963 घ उपर्युक्त सभी
145.	राजभाषा नियम के अधीन देश के समस्त राज्यों और केंद्रशाषित प्रदेशों को कुल कितने वर्गों में बांटा गया है?
	क 5 वर्गों में ग 2 वर्गों में ख 3 वर्गों में घ 4 वर्गों में
146.	राजभाषा नियम 1976 के किस नियम में देश के समस्त राज्यों और केंद्रशाषित प्रदेशों को तीन वर्गों में बांटा गया है?
	क नियम 1- संक्षिप्त नाम, विस्तार और ग नियम 12-अनुपालन का प्रारम्भ उत्तरदायित्व ख नियम 10- हिन्दी का कार्यसाधक ज्ञान घ नियम 2- परिभाषाएं

Enter Caption

147.	राजभाषा नियम के अधीन देश के समस्त राज्यों और केंद्रशासित प्रदेशों को किन वर्गों में बांटा गया है?		
	क क,ख,ग,घ और ङ वर्गों में	ग	क और ख वर्गों में
	ख क,ख,ग और घ वर्गों में	घ	क, ख और ग वर्गों में
148.	क (ए) क्षेत्र में वर्गीकृत संघ राज्य क्षेत्र कौन-कौन से हैं?		
	क अंडमान और निकोबार द्वीप समूह और दिल्ली संघ राज्य क्षेत्र		
	ख चंडीगढ़, दमण और दीव तथा दादरा और नगर हवेली संघ राज्य क्षेत्र		
	ग चंडीगढ़ संघ राज्य क्षेत्र		
	घ चंडीगढ़, दमण और दीव तथा दादरा और नगर हवेली ,अंडमान और निकोबार द्वीप समूह, दिल्ली संघ राज्य क्षेत्र		
149.	क (ए) क्षेत्र में वर्गीकृत क्षेत्र में आने वाले राज्य नहीं हैं?		
	क गुजरात, महाराष्ट्र और पंजाब राज्य		
	ख बिहार, हरियाणा, हिमाचल प्रदेश, मध्य प्रदेश,		
	ग छत्तीसगढ़, राजस्थान और उत्तर प्रदेश		
	घ झारखंड, उत्तराखंड		
150.	ख (बी) क्षेत्र में वर्गीकृत सघ राज्य क्षेत्र कौन-कौन से हैं ?		
	क अंडमान और निकोबार द्वीप समूह और दिल्ली संघ राज्य क्षेत्र		
	ख चंडीगढ़, दमण और दीव तथा दादरा और नगर हवेली संघ राज्य क्षेत्र		
	ग चंडीगढ़ संघ राज्य क्षेत्र		
	घ चंडीगढ़, दमण और दीव तथा दादरा और नगर हवेली ,अंडमान और निकोबार द्वीप समूह, दिल्ली संघ राज्य क्षेत्र		
151.	ख (बी)क्षेत्र में आने वाले राज्य हैं?		
	क झारखंड, उत्तराखंड		
	ख बिहार, हरियाणा, हिमाचल प्रदेश, मध्य प्रदेश,		
	ग छत्तीसगढ़, राजस्थान और उत्तर प्रदेश		
	घ गुजरात, महाराष्ट्र और पंजाब राज्य		
152.	ग (सी)क्षेत्र में निम्नलिखित में से कौन सा राज्य आता है?		
	क झारखंड, उत्तराखंड		
	ख बिहार, हरियाणा, हिमाचल प्रदेश, मध्य प्रदेश,		
	ग ओडिसा ,आंध्र प्रदेश, सिक्किम		
	घ गुजरात, महाराष्ट्र और पंजाब राज्य		
153.	राजभाषा नियम के अनुसार चंडीगढ़ संघ राज्य क्षेत्र किस क्षेत्र में आता है?		
	क क क्षेत्र में	ग	ग क्षेत्र में
	ख ख, क्षेत्र में	घ	घ क्षेत्र में

Enter Caption

154.	राजभाषा नियम के अनुसार दिल्ली संघ राज्य क्षेत्र किस क्षेत्र में आता है?
	क क क्षेत्र में ग ग क्षेत्र में ख ख, क्षेत्र में घ घ क्षेत्र में
155.	दमण और दीव तथा दादरा और नगर हवेली संघ राज्य क्षेत्र किस क्षेत्र में आता है?
	क क क्षेत्र में ग ग क्षेत्र में ख ख, क्षेत्र में घ घ क्षेत्र में
156.	किस अनुच्छेद में कहा गया है कि संघ का यह कर्तव्य होगा की वह हिन्दी भाषा का प्रसार बढ़ाए
	क अनुच्छेद 349 ग अनुच्छेद 350 ख अनुच्छेद 351 घ अनुच्छेद 348
157.	1976 में राजभाषा नियम के अनुसार संसदीय राजभाषा समिति का गठन कब हुआ? -
	क 1975 ग 1977 ख 1976 घ 1978
158.	राजभाषा की संसदीय समिति का मुख्य कार्य क्या है? -
	क हिंदी सलाहकार समिति का गठन ख कार्यालयों का निरीक्षण ग 30 सदस्य घ हिंदी के प्रगामी प्रयोग की समीक्षा करना
159.	संसदीय राजभाषा समिति में कितने सदस्य होते हैं?
	क 10 सदस्य ग 30 सदस्य ख 20 सदस्य घ 40 सदस्य
160.	संसदीय राजभाषा समिति के सदस्य कौन होते हैं ?
	क राज्य विधानमण्डल के सदस्य ग लोकसभा के सदस्य ख लोकसभा और राज्यसभा के सदस्य घ राज्यसभा के सदस्य
161.	राजभाषा की संसदीय समिति में लोक सभा के कितने सदस्य होते हैं?
	क 10 सदस्य ग 30 सदस्य ख 20 सदस्य घ 40 सदस्य
162.	राजभाषा की संसदीय समिति में राज्यसभा के कितने सदस्य होते हैं?
	क 10 सदस्य ग 30 सदस्य ख 20 सदस्य घ 40 सदस्य
163.	फिलहाल राजभाषा की संसदीय समिति की कितनी उप समितियां है?
	क 1 उप समिति ग 2 उप समितियां ख 3 उप समितियां घ 4 उप समितियां

Enter Caption

164.	संसदीय राजभाषा समिति की कौन सी उप समिति रेल कार्यालयों का निरीक्षण करती है ?
	क पहली उप समिति ग दूसरी उप समिति ख तीसरी उप समिति घ चौथी उप समिति
165.	हिन्दी सलाहकार समिति में गैर-सरकारी सदस्यों की अधिकतम संख्या कितनी हो सकती है?
	क 12 ग 13 ख 14 घ 15
166.	हिन्दी सलाहकार समिति का कार्यकाल कितने वर्ष का होता है?
	क 1वर्ष ग 2 वर्ष ख 3 वर्ष घ 4 वर्ष
167.	पहली रेलवे हिंदी सलाहकार समिति का गठन कब किया गया था ?
	क वर्ष 1970 ग वर्ष 1972 ख वर्ष 1972 घ वर्ष 1973
168.	पहली रेलवे हिंदी सलाहकार समिति के अध्यक्ष कौन थे?
	क श्री रामचंद्र जांगड़ा ग श्री ललित नारायण मिश्र ख प्रो० रीता बहुगुणा जोशी घ डॉ. मनोज राजोरिया
169.	केंद्रीय राजभाषा कार्यान्वयन समिति का अध्यक्ष कौन होता है ?
	क गृह मंत्री ग सचिव (राजभाषा) ख राष्ट्रपति घ 40
170.	**विभागीय** राजभाषा कार्यान्वयन समिति की बैठक वर्ष में कितनी बार होती है?
	क एक बार ग तीन बार ख दो बार घ चार बार
171.	नराकास गठन हेतु सदस्य कार्यालयों की संख्या कम से कम कितनी होनी चाहिए ?
	क 5 सदस्य कार्यालय ग 15 सदस्य कार्यालय ख 10 सदस्य कार्यालय घ 50 सदस्य कार्यालय
172.	नगर राजभाषा कार्यान्वयन समिति की बैठकों की आवधिकता क्या है? -
	क एक महीने बाद ग तीन महीने बाद ख दो महीने बाद घ 6 महीने बाद
173.	प्रमुख नगरों में गठित नगर राजभाषा कार्यान्वयन समिति(टाउन ऑफिसियल लैंग्वेज इम्प्लीमेंटेशन कमेटी) के अध्यक्ष कौन होते हैं?
	क जिलाधिकारी ग जिले का सांसद ख नगर में केंद्र सरकार कार्यालय के वरिष्ठतम अधिकारी घ जिले का कमिश्नर

Enter Caption

174.	नगर राजभाषा कार्यान्वयन समिति की बैठक वर्ष में कितनी बार होती है?
	क एक बार ग तीन बार ख दो बार घ चार बार
175.	छोटी नराकास समिति में सदस्य कार्यालयों की संख्या कितनी होती है?
	क 50 या 50 से कम ग 100 से कम ख 50 से कम घ 100 या 100 से कम
176.	बड़ी नराकास समिति में सदस्य कार्यालयों की संख्या कितनी होती है?
	क 50 या 50 से अधिक ग 100 से अधिक ख 50 से अधिक घ 100 या 100 से अधिक
177.	राजभाषा नीति के सर्वश्रेष्ठ कार्यान्वयन के परिणाम स्वरूप राजभाषा के प्रयोग में बेहतर प्रगति देकर ने वाले कार्यालय संस्थानों को राजभाषा विभाग द्वारा कौन सा पुरस्कार दिया जाता है?
	क लाल महादुर शास्त्री तकनीकी गौलिक लेखन पुरस्कार ख राजभाषा कीर्ति पुरस्कार ग राजभाषा यशपाल पुरस्कार घ राजभाषा गौरव पुरस्कार
178.	राजभाषा गौरव पुरस्कार किस विभाग द्वारा दिया जाता है?
	क रेल मंत्रालय (रेलवेबोर्ड) द्वारा ख राजभाषा विभाग द्वारा ग हिंदी साहित्य सम्मेलन घ राजभाषा विभाग ,दूर संचार मंत्रालय
179.	**राजभाषा गौरव पुरस्कार इसके तहत निम्न पुरस्कार योजना हैं?**
	क हिन्दीमें **ज्ञान विज्ञान मौलिक पुस्तकलेखन** के लिए राजभाषा गौरव पुरस्कार ख कार्मिकों (सेवानिवृत्तसहित) को हिन्दी में मौलिक पुस्तक लेखन के लिए राजभाषा गौरव पुरस्कार ग कार्मिकों (सेवा निवृत्त सहित) को हिन्दी में उत्कृष्ट लेख के लिए राजभाषा गौरव पुरस्कार घ उपरोक्त तीनो
180.	हिन्दीमें **ज्ञान विज्ञान** मौलिक पुस्तक लिखने पर राजभाषा विभाग द्वारा कौन सा पुरस्कार दिया जाता है?
	क लाल महादुर शास्त्री तकनीकी गौलिक लेखन पुरस्कार ख राजभाषा कीर्ति पुरस्कार ग राजभाषा यशपाल पुरस्कार घ राजभाषा गौरव पुरस्कार
181.	रेलों से संबंधित तकनीकी विषयों पर मूल रूप से हिंदी में पुस्तक लेखन को प्रोत्साहित करने के उद्देश्य से, रेल मंत्रालय (रेलवेबोर्ड) द्वारा कौन सा पुरस्कार दिया जाता है?

Enter Caption

	क लाल महादुर शास्त्री तकनीकी गौलिक लेखन पुरस्कार
	ख राजभाषा कीर्ति पुरस्कार
	ग राजभाषा यशपाल पुरस्कार
	घ राजभाषा गौरव पुरस्कार
182.	राजभाषा कीर्ति पुरस्कार किस विभाग द्वारा दिया जाता है?
	क रेल मंत्रालय (रेलवेबोर्ड) द्वारा
	ख राजभाषा विभाग द्वारा
	ग हिंदी साहित्य सम्मेलन
	घ राजभाषा विभाग, दूर संचार मंत्रालय
183.	लाल महादुर शास्त्री तकनीकी गौलिक लेखन पुरस्कार किस विभाग द्वारा दिया जाता है?
	क रेल मंत्रालय (रेलवेबोर्ड) द्वारा
	ख राजभाषा विभाग द्वारा
	ग हिंदी साहित्य सम्मेलन
	घ राजभाषा विभाग, दूर संचार मंत्रालय
184.	मैथिलीशरण गुप्त पुरस्कार किस विभाग द्वारा दिया जाता है?
	क रेल मंत्रालय (रेलवेबोर्ड) द्वारा
	ख राजभाषा विभाग द्वारा
	ग हिंदी साहित्य सम्मेलन
	घ राजभाषा विभाग, दूर संचार मंत्रालय
185.	राजभाषा गौरव पुरस्कार किस विभाग द्वारा दिया जाता है?
	क रेल मंत्रालय (रेलवेबोर्ड) द्वारा
	ख राजभाषा विभाग द्वारा
	ग हिंदी साहित्य सम्मेलन
	घ ,दूर संचार मंत्रालय
186.	केन्द्रीय सरकार में कार्यरत या सेवानिवृत्त कर्मिकों को हिन्दी में पुस्तक लेखन के लिए प्रोत्साहित करने के लिए राजभाषा विभाग द्वारा कौन सा पुरस्कार दिया जाता है?
	क लाल महादुर शास्त्री तकनीकी गौलिक लेखन पुरस्कार
	ख राजभाषा कीर्ति पुरस्कार
	ग राजभाषा यशपाल पुरस्कार
	घ **राजभाषा गौरव पुरस्कार**
187.	रेलवे के कार्यालयो में हिंदी में काम करने के लिए रेलवे बोर्ड द्वारा कौन सा पुरस्कार प्रदान किया जाता है?
	क प्रवीण पुरस्कार

Enter Caption

	ख प्रबोध पुरस्कार
	ग प्रबोध,प्रवीण और प्राज्ञ परीक्षा पुरस्कार
	घ राजभाषा व्यक्तिगत नकद पुरस्कार
188.	कमलापति त्रिपाठी राजभाषा स्वर्ण पदक किस ग्रेड के अधिकारियों को प्रदान किया जाता है?
	क वरिष्ठ प्रशासनिक ग्रेड एवं उच्चतर ग्रेड के अधिकारियों को
	ख महाप्रबंधकों एवं उनसे वरिष्ठ अधिकारियों को
	ग 'ग' क्षेत्र के प्रधान कार्यालयों/मंडलों तथा उत्पादन कारखानों के अधिकारियों को
	घ ' ख ' क्षेत्र के प्रधान कार्यालयों/मंडलों तथा उत्पादन कारखानों के अधिकारियों को
189.	71 वें संविधान संशोधन से आठवीं अनुसूची में किस भाषा को जोड़ा गया?
	क नेपाली भाषा
	ख मणिपुरी भाषा
	ग कोंकणी भाषा
	घ उपरोक्त तीनो
190.	रेल मंत्री राजभाषा रजत पदक किस ग्रेड के अधिकारियों को प्रदान किया जाता है?
	क वरिष्ठ प्रशासनिक ग्रेड एवं उच्चतर ग्रेड के अधिकारियों को
	ख महाप्रबंधकों एवं उनसे वरिष्ठ अधिकारियों को
	ग 'ग' क्षेत्र के प्रधान कार्यालयों/मंडलों तथा उत्पादन कारखानों के अधिकारियों को
	घ ' ख ' क्षेत्र के प्रधान कार्यालयों/मंडलों तथा उत्पादन कारखानों के अधिकारियों को
191.	सरकारी कामकाज में हिंदी का अधिकाधिक प्रयोग करने के लिए रेलवे बोर्ड की राजभाषा व्यक्तिगत नकद पुरस्कार किस आधार पर दिया जाता है?
	क अहिंदी भाषी अधिकारी / कर्मचारी कम से कम अपना 50% तथा.
	ख हिंदी भाषी अधिकारी/कर्मचारी कम से कम अपना 75% कार्य हिंदी में करते हों
	ग उपरोक्त दोनों अधिकारी/कर्मचारी को
	घ हिंदी भाषी अधिकारी/कर्मचारी कम से कम अपना 90% कार्य हिंदी में करते हों
192.	गृह मंत्रालय की अधिकारियों को हिंदी में अधिकाधिक डिक्टेशन देने के लिए प्रोत्साहित करने हेतु पुरस्कार के लिए निर्धारित न्यूनतम शब्दों की सीमा क्या है?
	क हिंदी भाषी अधिकारियों के लिए वर्ष में कम से कम 20,000 शब्द का डिक्टेशन
	ख अहिंदी भाषी अधिकारियों के लिए वर्ष में कम से कम 10,000 शब्द का डिक्टेशन
	ग उपरोक्त दोनों
	घ अहिंदी भाषी अधिकारियों के लिए वर्ष में कम से कम 5000 शब्द का डिक्टेशन
193.	विश्व हिंदी सम्मेलन कौन सा मंत्रालय आयोजित करता है ?
	क गृह मंत्रालय ग विदेश मंत्रालय
	ख राजभाषा विभाग घ रेल मंत्रालय

Enter Caption

194.	किस स्थान पर पहला विश्व हिन्दी सम्मेलन-1975 का आयोजन हुआ था?		
	क पोर्ट लुई, मॉरिशस	ग नाड़ी,फिजी	
	ख पारामरिबो,सूरीनाम	घ नागपुर, भारत	
195.	किन देशों में विश्व हिन्दी सम्मेलन का आयोजन तीन बार हो चुका है ?		
	क भारत तथा मारीशस	ग भारत तथा फिजी	
	ख भारत तथासूरीनाम	घ भारत तथा संयुक्त राज्य अमेरिका	
196.	किस स्थान पर 12वें विश्व हिन्दी सम्मेलन-2023 का आयोजन किया गया?		
	क पोर्ट लुई, मॉरिशस	ग नाड़ी,फिजी	
	ख पारामरिबो,सूरीनाम	घ न्यूयार्क,संयुक्त राज्य अमेरिका	
197.	किस स्थान पर पिछला 11 वें विश्व हिन्दी सम्मेलन-2018 का आयोजन हुआ था?		
	क पोर्ट लुई, मॉरिशस	ग नाड़ी,फिजी	
	ख पारामरिबो,सूरीनाम	घ न्यूयार्क,संयुक्त राज्य अमेरिका	
198.	किस स्थान विश्व हिंदी सचिवालय स्थित है?		
	क मॉरिशस	ग फिजी	
	ख सूरीनाम	घ भारत	
199.	किस वर्ष विश्व हिंदी सचिवालय ने कार्य करना प्रारंभ किया?		
	क 1975	ग 1995	
	ख 2006	घ 2008	
200.	10 जनवरी को विश्व हिन्दी दिवस मनाने की शुरुआत किस वर्ष से हुई?		
	क 1974	ग 1976	
	ख 2006	घ 2012	
201.	किसने प्रति वर्ष विश्व हिन्दी दिवस के रूप मनाये जाने की घोषणा की थीं		
	क 10 जनवरी 2006 को पूर्व प्रधानमन्त्री मनमोहन सिंह ने	ग 10 जनवरी 2008को मॉरीशस के तत्कालीन प्रधानमन्त्री सर शिवसागर रामगुलाम ने	
	ख 10 जनवरी 1975 को पूर्व प्रधानमन्त्री श्रीमती इन्दिरा गान्धी ने	घ 10 जनवरी 1999 को पूर्व प्रधानमन्त्री अटल बिहारी वाजपेयी ने	
202.	2023 में कौन-सा विश्व हिन्दी दिवस मनाया गया?		
	क 10 वां	ग 11 वां	
	ख 12 वां	घ 13 वां	
203.	संघ का राजकीय कार्य हिंदी में करने के लिए वार्षिक कार्यक्रम कौन तैयार करता है?		
	क राजभाषा विभाग	ग रेल मंत्रालय	
	ख विदेश विभाग	घ उपरोक्त में से कोई नहीं	

Enter Caption

204.	किसके अनुपालन हेतु संघ का राजकीय कार्य हिंदी में करने के लिए वार्षिक कार्यक्रम तैयार किया जाता है?		
	क राजभाषा अधिनियम -1963	ग	राजभाषा नियम-1976
	ख राष्ट्रपति का आदेश-1960	घ	राजभाषा संकल्प, 1968
205..	राजभाषा विभाग किस मंत्रालय के अन्तर्गत आता है?		
	क रेल मंत्रालय	ग	विदेश मंत्रालय
	ख गृह मंत्रालय	घ	उपरोक्त में से कोई नहीं
206..	हिंदी शिक्षण योजना किस द्वारा संचालित है?		
	क राजभाषा विभाग, गृह मंत्रालय	ग	विदेश मंत्रालय
	ख रेल मंत्रालय	घ	उपरोक्त में से कोई नहीं
207..	राजभाषा का वार्षिक कार्यक्रम कौन तैयार करता है?		
	क राजभाषा विभाग, गृह मंत्रालय	ग	विदेश मंत्रालय
	ख रेल मंत्रालय	घ	उपरोक्त में से कोई नहीं
209.	केन्द्रीय अनुवाद ब्यूरो की स्थापना कब हुई?		
	क 1981	ग	1951
	ख 1961	घ	1971
210.	**कब श्री अटल बिहारी वाजपेयी, तत्कालीन विदेश मंत्री ने पहली बार संयुक्त राष्ट्र संघ की आम सभा को हिंदी में संबोधित किया?**		
	क 1975 में	ग	1977 में
	ख 1976 में	घ	1988 में
211.	विश्व में बोलने वालों की संख्या के अनुसार घटता क्रम इस प्रकार है -		
	क हिन्दी,अंग्रेज़ी, स्पेनी,मन्दारिन चीनी	ग	मन्दारिन चीनी,अंग्रेज़ी, हिन्दी,स्पेनी
	ख हिन्दी,अंग्रेज़ी,मन्दारिन चीनी, स्पेनी	घ	अंग्रेज़ी,मन्दारिन चीनी,हिन्दी,स्पेनी
212.	किन-किन राज्यों में उर्दू को राजभाषा के रूप में घोषित किया गया ?		
	क आध्रप्रदेश व बिहार	ग	हिमाचल प्रदेश
	ख बिहार	घ	असम
213.	देश का पहला राष्ट्रीय हिन्दी संग्रहालय कहाँ स्थापित किया जा रहा है?		
	क **आगरा**	ग	दिल्ली
	ख पुणे	घ	लखनऊ
214.	रेलवे बजट का हिंदी अनुवाद सबसे पहले कब तैयार हुआ था तथा उस समय रेल मंत्री कौन थे?		
	क वर्ष 1956 में - स्वर्गीय लाल बहादुर शास्त्री जी		
	ख वर्ष 1956 में - स्वर्गीय जगजीवन राम जी		

Enter Caption

	ग वर्ष 1973 में - स्वर्गीय ललित नारायण मिश्र जी
	घ वर्ष 1976 में - स्वर्गीय कमलापति त्रिपाठी जी
215.	1965 तक संघ के सरकारी प्रयोजनों के लिए कौन-सी भाषा मुख्य राजभाषा तथा कौन-सी भाषा सहायक राजभाषा थी? .
	क मुख्य राजभाषा अंग्रेजी थी तथा सहायक राजभाषा हिंदी थी
	ख मुख्य राजभाषा हिंदी थी तथा सहायक राजभाषा अंग्रेजी थी
	ग मुख्य राजभाषा हिंदी थी तथा सहायक राजभाषा तमिल उर्दू थी
	घ मुख्य राजभाषा हिंदी थी तथा सहायक राजभाषा तमिल थी
216.	राष्ट्रपति के 1952 के आदेशों के अनुपालन के लिए रेलवे बोर्ड में किस वर्ष हिंदी सहायक के एक पद का सृजन हुआ था ?
	क वर्ष 1949 में रेलवे बोर्ड के राजभाषा विभाग में
	ख वर्ष 1952 में रेलवे बोर्ड के सामान्य शाखा में
	ग वर्ष 1952 में रेलवे बोर्ड के राजभाषा विभाग में
	घ वर्ष 1954 में रेलवे बोर्ड के राजभाषा विभाग में
217.	रेलवे बोर्ड में हिंदी अनुभाग का गठन कब हुआ था ?
	क वर्ष 1954 में ग वर्ष 1956 में ख वर्ष 1955 में घ वर्ष 1960 में
218.	राजभाषा नियम 1976 के किस नियम में हिन्दी का कार्यसाधक ज्ञान की परिभाषा दी गई है?
	क नियम 9 ग नियम 10 ख नियम 11 घ नियम 12
219.	राजभाषा नियम 1976 के नियम 8 के अनुसार, हिंदी का कार्यसाधक ज्ञान रखने वाला केंद्र सरकार का कर्मचारी किसी दस्तावेज का अंग्रेजी अनुवाद मांग सकता है, यदि .. (एलडीसीई-२०२२/ एइएन प्रश्न आई डी:- 497)
	क जब उसको अंग्रेजी अनुवाद की जरूरत हो
	ख जब दस्तावेज विधि या तकनीकी प्रवृत्ति का हो
	ग जब दस्तावेज ग क्षेत्र से आया हो
	घ जब दस्तावेज 2 पेज से ज्यादा लंबा ना हो
220	राजभाषा नियम 1976 के नियम 12 के अनुसार, केंद्र सरकार के कार्यालयों में राजभाषा अधिनियम एवं नियमों का अनुपाल सुनिश्चित करवाना किसकी जिम्मेदारी है (एलडीसीई-२०२२/ एइएन प्रश्न आई डी:- 498)
	क कार्यालय के प्रशासनिक प्रधान की
	ख कार्यालय के मुख्य राजभाषा अधिकारी की

Enter Caption

	ग कार्यालय के कर्मचारियों की
	घ कार्यालय के सभी अधिकारियों की
221	केंद्र सरकार के कर्मचारियों के लिए कितने स्तर के हिन्दी पाठ्यक्रम निर्धारित है *(एलडीसीई-२०२२/ एइएन प्रश्न आई डी:- 499)*
	क एक ख दो ग तीन घ चार
222.	वर्ष 1951 में पहला विश्व हिन्दी सम्मेलन कहाँ आयोजित किया गया था *(एलडीसीई-२०२२/ एइएन प्रश्न आई डी:- 500)*
	क दिल्ली भारत में ख नागपुर भारत में ग काठमांडू नेपाल में घ सुवा फिजी में
223	संविधान के किस अनुच्छेद में यह कहा गया है कि हिंदी का इस प्रकार विकास किया जाये कि वह भारत की कंपोजिट करके की अभिव्यक्ति का माध्यम बन सके *(एलडीसीई-२०२२/ एइएन प्रश्न आई डी:- 496)*
	क अनुच्छेद 356 में ख अनुच्छेद 355 में ग अनुच्छेद 353 में घ अनुच्छेद 351 में
224.	भाषा प्रयोग के अनुसार से जो अल्पसंख्यक वर्ग होते हैं उनका उनके लिए विशेष अधिकारी की नियुक्ति की जाती है इन इस इन अधिकारी को इस अधिकारी को कौन नियुक्त करता है?
	क गृह मंत्री ग राष्ट्रपति ख सलाहकार समिति घ संसदीय राजभाषा समिति
225.	किसी व्यथा के निवारण के लिए यदि कोई व्यक्ति अपना अप्लीकेशन देना चाहता है तो वह किस भाषा में होना चाहिए देवल अंग्रेजी में या
	क हिंदी में केवल ग अंग्रेजी में ख केवल हिंदी या अंग्रेजी में घ संघ या राज्य में प्रयोग होने वाली किसी भाषा में
226.	मूल आठवीं अनुसूची में भारतीय संविधान की कुल कितने भाषाएं सम्मिलित थी
	क 18 ग 22

Enter Caption

	ख 16	घ 14
227.	निम्नलिखित में से आठवीं संस्कृति आठवीं अनुसूची में संशोधन संबंधित विवरण असत्य है?	
	क 21 वाँ संविधान संशोधन से 1967 में सिन्धी भाषा को जोड़ा गया।	
	ख 71वाँ संविधान संशोधन से 1992. में <u>कोंकणी भाषा</u>, <u>मणिपुरी भाषा</u>, और <u>नेपाली भाषा</u> को जोड़ा गया।	
	ग 92वाँ संविधान संशोधन से 2003 में <u>बोड़ो भाषा</u>, <u>डोगरी भाषा</u>, <u>मैथिली भाषा</u>, और <u>संथाली भाषा</u> को जोड़ा गया।	
	घ उपरोक्त सभी सत्य हैं	

Enter Caption

12

बहुविकल्पीय प्रश्नो के उत्तर

उत्तर

1.	ग	14 सितम्बर
2.	ग	14 सितम्बर
3.	घ	यह सभी विकल्प सही हैं
4.	ख	पंद्रह वर्ष तक
5.	क	देवनागरी
6.	क	बी.जी. खेर
7.	ग	भोजपुरी
8.	ख	22
9.	घ	राजस्थानी
10.	ख	22
11.	घ	हिंदी तथा अंग्रेज़ी में द्विभाषी रूप में
12.	ख	महाराष्ट्र
13.	घ	पंजाब
14.	घ	क क्षेत्र में
15.	ख	राज्य विधायिका को संविधान का अनुच्छेद-345 किसी राज्य के विधानमंडल को उस राज्य में हिंदी या अन्य एक या अधिक भाषाओं को कार्यालयों में अपनाने का अधिकार देता है
16.	ग	हिंदी तथा अंग्रेज़ी में
17.	घ	100 %
18.	क	प्रवीण स्तर
19	ग	प्रधान मंत्री
20.	ग	मैसूर
21.	घ	नागालैंड
22.	घ	Chief Administrative Officer–मुख्य कार्यपालक अधिकारी
23.	ख	Principal Finance Advisor - वित्त सलाहकार
24.	घ	Casual Labour- लापरवाह श्रमिक
25.	क	मंडल रेल प्रबंधक
26.	ख	तीन महीने में एक बार

Enter Caption

27.	क	गृह मंत्रालय
28.	ख	प्रेमचंद पुरस्कार योजना
29.	क	मैथिलीशरण गुप्त पुरस्कार योजना
30..	ग	सरकारी कार्यालयों की भाषा
31.	क	श्री गोपालस्वामी आयंगर
32.	घ	उपरोक्त में से कोई नहीं
32.	क	संसद में प्रयोग की जाने वाली भाषा
33.	ग	210
34.	ग	विधान-मंडल में प्रयोग की जाने वाली भाषा
35.	ग	210
36.	ख	प्रादेशिक भाषाएं से संबंधित
37.	ग	उपरोक्त सभी कथन सत्य हैं ।
38.	क	343 अनुच्छेद से 351 अनुच्छेद तक
39.	घ	4 अध्यायों (चैप्टर्स)में
40.	घ	1956 में
41.	क	अध्याय 1,अध्याय 2,अध्याय 3,अध्याय 4
42.	घ	9 अनुच्छेद
43.	ख	14.09.1949
44.	क	भाग XVII (सत्रहवें भाग में)
45.	क	राजभाषा के रूप में
46.	क	संघ की भाषा
47.	क	343 and 344 अनुच्छेदों में
48.	ख	345-347 अनुच्छेदों में
49.	ग	सर्वोच्च न्यायालय, उच्च न्यायालयों आदि की भाषा।
50.	ग	348 -349,
51.	घ	विशेष निर्देश
52.	घ	350, 350 क, 350 ख and 351.
53.	क	**संघ की राजभाषा**
54.	ग	उपर्युक्त सभी
55.	क	अनुच्छेद 343 (i)
56.	क	अनुच्छेद 343 (i)
57.	ग	अनुच्छेद 343(ii)
58.	ख	पंद्रह वर्ष तक

Enter Caption

59.	क **संघ की राजभाषा से**
60.	घ उपरोक्त सभी कथन सत्य हैं
61.	ख अनुच्छेद 344
62..	क अनुच्छेद 344 (i)
63.	घ उपर्युक्त सभी विकल्प सही हैं
64..	क 1955 में
65.	ख श्री बी.जी. खेर
66.	ख 15 वर्ष
67.	घ अंग्रेजी भाषा में
68.	क हिंदी के प्रगामी (प्रोग्रेसिव)प्रयोग की समीक्षा करना
69.	क 10 सदस्य
70.	ग 20 सदस्य
71.	ग श्री जी.बी.पंत
72	क 1976
73.	ख तत्कालीन गृह मंत्री ओम मेहता
74.	ख अनुच्छेद 344
75.	क आलेख एवं साक्ष्य(ड्राफ्टिंग और एविडेंस) उपसमिति
76.	ख 3 उप-समितिया
77.	ग राज्य की राजभाषा या राजभाषाएं
78.	ख अनुच्छेद 346 में
79.	ग अनुच्छेद 345
80	ख अनुच्छेद 348 में
81.	घ केवल अंग्रेजी में
82.	क अनुच्छेद 349
83.	ख अनुच्छेद 350 क
84.	ख अनुच्छेद 351
85.	ख आठवीं अनुसूची
86.	घ 22
87.	ग अंग्रेजी
88.	क 21वें
89.	क राजस्थानी
90.	घ 92 वाँ संविधान संशोधन अधिनियम द्वारा
91.	क जम्मू-कश्मीर

श्वेता मिश्रा

Enter Caption

92.	ग	सिंधी
93.	ख	विधि मंत्रालय
94.	घ	45 वर्ष से कम आयु वाले
95.	क	10 मई 1963
96.	ग	1967 में
97.	क	9 धाराएं
98.	क	संक्षिप्त नाम और प्रारम्भ
99.	ग	उपरोक्त दोनों बाते कहीं गयी हैं
100.	क	26 जनवरी 1965
101.	ख	परिभाषाएं
102.	घ	उन मदो का विवरण हैं जिनके लिए हिंदी और अंग्रेजी भाषा दोनों ही का प्रयोग किया जाना हैं
103.	घ	14 प्रपत्रों को
104.	घ	उपरोक्त सभी दस्तावेज़ हिंदी और अंग्रेजी भाषा दोनों ही को जारी करना आवशयक हैं
105.	ग	उपरोक्त सभी प्रक्रियाओं का पालन आवशयक हैं
106.	घ	राजभाषा के सम्बन्ध में समिति
107.	क	धारा 6 और धारा 7 के उपबन्ध जम्मू-कश्मीर राज्य को लागू न होंगे।
108.	क	जम्मू-कश्मीर
109.	ग	उच्च न्यायालयों के निर्णयों में हिंदी या अन्य राजभाषा के वैकल्पिक(ऑप्शनल) प्रयोग से सम्बंधित
110.	क	1965 के बाद भी हिंदी के अलावा अंग्रेजी के प्रयोग को जारी रखने का प्रावधान करने के लिए
111.	ख	१९६८ में ऑफिसियल लैंग्वेजेज (अमेंडमेंट)एक्ट १९६७
112.	ग	धारा-3
113.	क	1976
114.	घ	12 नियम
115.	घ	राजभाषा नियम 1976-, तीन बार1987,2007 तथा 2011 में संशोधित हुआ था ।
116.	क	संक्षिप्त नाम, विस्तार और प्रारम्भ
117.	घ	उपरोक्त सभी
118.	घ	परिभाषाओं से
119.	घ	उपरोक्त सभी

Enter Caption

120.	ग	हिन्दी या अंग्रेजी में
121.	घ	असाधारण दशाओं को छोड़कर हिन्दी में होंगे
122.	ग	हिन्दी में पत्रादि के उत्तर केन्द्रीय सरकार के कार्यालय से हिन्दी में दिए जाएंगे
123.	ख	नियम-5
124.	ख	हिन्दी में
125.	घ	उपरोक्त सभी
126.	घ	उपरोक्त सभी
127.	ख	केन्द्रीय सरकार के कार्यालयों में टिप्पणों का लिखा जाना
128.	ङ	उपरोक्त सभी
129.	ग	हिन्दी या अंग्रेजी में
130.	ग	विभाग या कार्यालय का प्रधान
131	क	हिन्दी में प्रवीणता से
132	घ	उपरोक्त में से कोई एक भी
133	ग	हिन्दी का कार्यसाधक ज्ञान से
134	क	नियम 9
135	घ	उपरोक्त सभी
136	घ	उपरोक्त में से कोई एक भी
137.	घ	मैनुअल, संहिताएं, प्रक्रिया संबंधी अन्य साहित्य, लेखन सामग्री आदि
138.	घ	पहले क्षेत्रीय भाषा, फिर हिंदी तथा उसके बाद अंग्रेजी
139.	क	अंग्रेजी के पहले
140.	ख	हिन्दी और अंग्रेजी द्विभाषी रूप
141	ख	हिन्दी और अंग्रेजी द्विभाषी रूप
142	ग	अनुपालन का उत्तरदायित्व से
143	ख	केन्द्रीय सरकार के प्रत्येक कार्यालय के प्रशासनिक प्रधान
144.	क	राजभाषा नियम 1976
145.	ख	3 वर्गों में
146.	घ	नियम 2- परिभाषाएं
147.	घ	क, ख और ग वर्गों में
148.	क	अंडमान और निकोबार द्वीप समूह और दिल्ली संघ राज्य क्षेत्र
149.	क	गुजरात, महाराष्ट्र और पंजाब राज्य
150.	ख	चंडीगढ़, दमण और दीव तथा दादरा और नगर हवेली संघ राज्य क्षेत्र
151.	घ	गुजरात, महाराष्ट्र और पंजाब राज्य

Enter Caption

152.	ग	ओडिसा ,आंध्र प्रदेश, सिक्किम
153.	ख	हिन्दी और अंग्रेजी द्विभाषी रूप
154.	क	क क्षेत्र में
155.	ख	ख, क्षेत्र में
156.	ख	अनुच्छेद 351
157.	ख	1976
158.	घ	हिंदी के प्रगामी प्रयोग की समीक्षा करना
159.	ग	30 सदस्य
160.	ख	लोकसभा और राज्यसभा के सदस्य
161.	ख	20 सदस्य
162.	क	10 सदस्य
163.	ख	3 उप समितियां
164.	ग	दूसरी उप समिति
165.	घ	15 सदस्य
166.	ख	केंद्र सरकार के मंत्रालयों/विभागों में गठित हिंदी सलाहकार समिति का कार्यकाल सामान्यतः 03 वर्ष का होता है ।
167.	घ	वर्ष 1973
168.	ग	श्री ललित नारायण मिश्र
169.	ग	सचिव (राजभाषा)
170.	घ	चार बार
171.	ख	10 सदस्य कार्यालय
172.	घ	6 महीने बाद
173.	ख	नगर में केंद्र सरकार कार्यालय के वरिष्ठतम अधिकारी
174.	ख	दो बार
175.	घ	100 या 100 से कम
176.	ग	100 से अधिक
177.	ख	राजभाषा कीर्ति पुरस्कार
178.	ख	राजभाषा विभाग द्वारा
179.	घ	उपरोक्त तीनो
180.	घ	राजभाषा गौरव पुरस्कार
181.	क	लाल महादुर शास्त्री तकनीकी मौलिक लेखन पुरस्कार
182.	ख	राजभाषा विभाग द्वारा

Enter Caption

183.	क	रेल मंत्रालय (रेलवेबोर्ड) द्वारा
184.	क	रेल मंत्रालय (रेलवेबोर्ड) द्वारा
185.	ख	राजभाषा विभाग द्वारा
186.	घ	राजभाषा गौरव पुरस्कार
187.	घ	राजभाषा व्यक्तिगत नकद पुरस्कार
188.	क	वरिष्ठ प्रशासनिक ग्रेड एवं उच्चतर ग्रेड के अधिकारियों को
189.	घ	उपरोक्त तीनो
190.	ख	महाप्रबंधकों एवं उनसे वरिष्ठ अधिकारियों को
191.	ग	उपर्युक्त दोनों अधिकारी/कर्मचारी को
192.	ग	उपर्युक्त दोनों
193.	ग	विदेश मंत्रालय
194.	घ	नागपुर, भारत
195.	क	भारत तथा मारीशस
196.	ग	नाड़ी, फिजी
197.	क	पोर्ट लुई, मॉरिशस
198.	क	मॉरिशस
199.	घ	2008
200.	ख	2006
201.	क	10 जनवरी 2006 को पूर्व प्रधानमन्त्री मनमोहन सिंह ने
202.	ख	12 वां
203.	क	राजभाषा विभाग
204.	घ	राजभाषा संकल्प, 1968
205.	ख	गृह मंत्रालय
206.	क	राजभाषा विभाग, गृह मंत्रालय
207.	क	राजभाषा विभाग, गृह मंत्रालय
209.	घ	1971
210.	ग	1977 में
211.	घ	अंग्रेज़ी, मन्दारिन चीनी, हिन्दी, स्पेनी
212.	क	आन्ध्रप्रदेश व बिहार
213.	क	आगरा में
214.	क	वर्ष 1956 में - स्वर्गीय लाल बहादुर शास्त्री जी

Enter Caption

215.	क	मुख्य राजभाषा अंग्रेजी थी तथा सहायक राजभाषा हिंदी थी
216.	ख	वर्ष 1952 में रेलवे बोर्ड के सामान्य शाखा में
217.	घ	वर्ष 1960 में
218.	ग	नियम 10
219.	ख	जब दस्तावेज विधि या तकनीकी प्रवृति का हो
220.	क	कार्यालय के प्रशासनिक प्रधान की
221.	ग	तीन
222.	ख	नागपुर भारत में
223.	घ	अनुच्छेद 351 में
224.	ग	राष्ट्रपति
225.	घ	संघ या राज्य में प्रयोग होने वाली किसी भाषा में
226.	घ	14
227.	घ	उपरोक्त सभी सत्य हैं

Enter Caption

13

CBT-NAIR -AFA-2022 QUESTION PAPER AND ANSWER

1. भारत संविधान के किस भाग में राजभाषा से संबंधित प्रावधान है?

   क   भाग XVII   ग   भाग XVIII

   ख   भाग XX   घ   भाग IX

2. हिंदी भाषा के विकास के लिए निर्देश भारत के संविधान के अनुच्छेद, में निर्दिष्ट किए गए है?

   क   अनुच्छेद 350   ग   अनुच्छेद 351

   ख   अनुच्छेद 349   घ   अनुच्छेद 348

3. राजभाषा अधिनियम, 1963 की धारा 3 को लागू हुई-

   क   26 जनवरी 1964   ग   26 जनवरी 1965

   ख   15 अगस्त 1965   घ   15 अगस्त 1966

4. राजभाषा विभाग, भारत सरकार समकालीन ज्ञान/ विज्ञान की विभिन्न धाराओं में मूल रूप से हिंदी में पुस्तक लिखने को प्रोत्साहित करने और राजभाषा हिंदी के उपयोग को बढ़ावा देने के उद्देश्य से पुरस्कार प्रदान करता है ?

   क   'राजभाषा कीर्ति पुरस्कार   ग   राजभाषा गौरव पुरस्कार

   ख   राजभाषा शौर्य पुरस्कार   घ   राजभाषा प्रमुख पुरस्कार

5. केंद्र सरकार के कार्यालयों को अधिकारिक राजपत्र में कार्यालयों के नाम अधिसूचित करने की आवश्यकता होती है जहां 80%   कर्मचारियों ने हिंदी का कार्य साधक ज्ञान प्राप्त कर लिया है यह राजभाषा नियमों के निम्नलिखित में से किस नियम द्वारा अनिवार्य है ?

   क   नियम 11(4)   ग   नियम 8(4)

   ख   नियम 12(2)   घ   नियम 10(4)

6. हिंदी में प्राप्त पत्राचार का उत्तर केवल केंद्र सरकार के कार्यालयों द्वारा हिंदी में दिया जाना है यह राजभाषा नियमों के निम्नलिखित में से किस नियम द्वारा अनिवार्य है?

   क   नियम 11   ग   नियम 5

   ख   नियम 10   घ   नियम 6

7. संकल्प, सामान्य आदेश, नियम, अधिसूचनाएं, प्रेस विज्ञप्तियां, प्रशासनिक और अन्य रिपोर्ट और आधिकारिक कागजात जो संसद के सदनों के समक्ष रखे जाते हैं, अनुबंध, लाइसेंस ,समझौते, परमिट, निविदा नोटिस, आदि हिंदी और अंग्रेजी में द्विभाषिक रूप से जारी किए जाने चाहिए-
   यह राजभाषा अधिनियम की निम्नलिखित में से किस धारा के द्वारा अनिवार्य है?

   क   धारा 6(3)   ग   धारा 4(3)

   ख   धारा 5(3)   घ   धारा 3(3)

8. पहला अखिल भारतीय राजभाषा सम्मेलन, नवंबर 2021 में, किस शहर में आयोजित किया गया था?

   क   सूरत   ग   वाराणसी

   ख   वडोदरा   घ   केवडिया

9. OLIC' संक्षेपाक्षर का विस्तार कीजिए-

   क   आधिकारिक साहित्य सूचना केंद्र   ग   राजभाषा कार्यान्वयन समिति (ऑफिसियल

Enter Caption

(ऑफिसियल लिटरेचर इनफार्मेशन सेंटर)

लैंग्वेज इम्प्लेमेन्टेशन कमिटी)

ख   राजभाषा सूचना केंद्र (ऑफिसियल लैंग्वेज इनफार्मेशन सेटर)

घ   आधिकारिक साहित्य कार्यान्वयन समिति (ऑफिसियल लिटरेचर इम्प्लेमेन्टेशन कमिटी)

10. संघ शासकीय कार्यों को हिंदी मे करने का वार्षिक कार्यक्रम किसके अनुपालन में जारी किया जाती हैं ?

क   राजभाषा अधिनियम

ग   राजभाषा नियम

ख   राजभाषा संकल्प

घ   संसदीय राजभाषा समिति के निर्देश

11. निम्नलिखित में से कौन सा विकल्प अधिनियमों / नियमों और उनसे संबंधित वर्षों के संदर्भ में सही मेल खाता है ?

क   राजभाषा अधिनियम :: 1967

ग   राजभाषा अधिनियम में संशोधन : : 1976

ख   राजभाषा नियम :: 1963

घ   राजभाषा नियमो में संशोधन : : 1987

12. निम्नलिखित में से कौन सा विकल्प भारत के संविधान के अनुच्छेदों और उन में शामिल विषय के संदर्भ में सही मेल खाता है ?

क   संसद में प्रयोग की जाने वाली भाषा :: अनुच्छेद 345

ग   संघ की राजभाषा :: अनुच्छेद 343

ख   किसी राज्य के विधानमंडल में प्रयोग की जाने वाली भाषा :: अनुच्छेद 120

घ   किसी राज्य की राजभाषा या भाषा :: अनुच्छेद 210

13. राजभाषा नियमों की कुल संख्या कितनी है?

क   10

ग   14

ख   12

घ   16

14. 'ग' क्षेत्र के केंद्र सरकार के कार्यालयों मे कार्यरत कर्मचारियों और अधिकारियों द्वारा हिंदी में नोटिंग का प्रतिशत कितना होना चाहिए?

क   55

ग   30

ख   50

घ   20

15. निम्नलिखित में से कौन सा एक विकल्प सही मेल खाता है, जो देश के राज्यों/केंद्रशासित प्रदेशों को हिंदी बोली जाने और लिखे जाने की आधार पर 'A', 'B' और'C' क्षेत्रों में चिह्नित किए गए संदर्भ में है ?

क   दमन और दीव रीजन- क्षेत्र A

ग   पंजाब- क्षेत्र C

ख   कर्नाटक- क्षेत्र B

घ   अंडमान और निकोबार आईलैंड- क्षेत्र A

उत्तर

1.	क	2.	ग	3.	ग	4.	ग	5.	घ	6.	ग	7.	घ	8.	ग
9.	ग	10.	ख	11.	घ	12.	ग	13.	ख	14.	ग	15.	घ		

Enter Caption

14

CBT-NAIR -APO-2022 QUESTION PAPER AND ANSWER

1. राजभाषा अधिनियम 1963 का सेक्शन 3 किस तारीख से लागू हुआ ?

   क 26 जनवरी 1963   ग 26 जनवरी 1965

   ख 15 अगस्त 1963   घ 15 अगस्त 1965

2. राजभाषा अधिनियम 1963 का कौन सा प्रावधान 26 जनवरी 1965 को लागू हुआ?

   क अधिनियम की धारा 1   ग अधिनियम की धारा 3

   ख अधिनियम की धारा 2   घ इनमें से कोई नहीं

3. राजभाषा अधिनियम 1963 के अनुसार हिन्दी का मतलब क्या है?

   क किसी भी लिपि में हिंदी   ग देवनागरी लिपि में हिंदी

   ख रोमन लिपि में हिंदी   घ इनमे से कोई नहीं

4. केंद्र सरकार के कार्यालय के कर्मचारियों को आमतौर पर हिंदी का कार्यसाधक ज्ञान प्राप्त करने वाला माना जाएगा यदि उस कार्यालय के ....% कर्मचारियों ने ऐसा ज्ञान प्राप्त कर लिया हो ?

   क 40   ग 75

   ख 50   घ 80

5. केंद्र सरकार की हिंदी शिक्षण योजना के तहत आयोजित 'प्रज्ञा' परीक्षा पास करने से कर्मचारी को माना जाता है?

   क हिंदी में कुशल   ग सरकारी कर्मचारियों को हिंदी सिखाने में सक्षम

   ख हिंदी का कार्यसाधक   घ सभी
   ज्ञान रखने वाला

6. राजभाषा अधिनियम 1963 के अनुसार, 'ख' क्षेत्र में इनमें से कौन सा शामिल नहीं है ?

   क पंजाब   ग महाराष्ट्र

   ख अंडमान और निकोबार   घ गुजरात

7. राजभाषा अधिनियम, 1963 का नियम 3 (3) क्या कहता है ?

   क कम से कम 50% संकल्प, सामान्य आदेश, नियम, अधिसूचनाएं, समझौते, प्रशासनिक और अन्य रिपोर्ट या प्रेस संचार आदि द्विभाषी रूप से प्रकाशित किए जाने चाहिए

   ख सभी संकल्प, सामान्य आदेश, नियम, अधिसूचनाएं, समझौते, प्रशासनिक और अन्य रिपोर्ट या प्रेस संचार आदि द्विभाषी रूप से प्रकाशित किए जाने चाहिए

   ग कम से कम 33% संकल्प, सामान्य आदेश, नियम, अधिसूचनाएं, समझौते, प्रशासनिक और अन्य रिपोर्ट या प्रेस संचार आदि द्विभाषी रूप से प्रकाशित किए जाने चाहिए

   घ इनमें से कोई नहीं

8. इनमें से कौन सा सरकारी कामकाज में हिंदी के प्रयोग के लिए एक प्रोत्साहन है?

   क 3000 रुपये का नकद पुरस्कार   ग बारी से पहले पदोन्नति

   ख 5000 रुपये का नकद पुरस्कार   घ एक अतिरिक्त वेतन वृद्धि

Enter Caption

9. राजभाषा अधिनियम 1963 के कार्यान्वयन के लिए नोडल मंत्रालय/विभाग कौन सा है?

(APO-2022-NAIR-LDCE)

क कार्मिक एवं प्रशिक्षण विभाग   ग सामाजिक न्याय एवं अधिकारिता मंत्रालय

ख गृह मंत्रालय   घ शिक्षा मंत्रालय

10. एक कर्मचारी को हिंदी का कार्यसाधक ज्ञान प्राप्त करने वाला माना जाएगा यदि उसने उत्तीर्ण किया है:

(A) मैट्रिक या समकक्ष या उच्च परीक्षा जिसमें हिंदी एक विषय के रूप में है, या

(B) यदि उसने हिंदी का कार्यसाधक ज्ञान प्राप्त करने की घोषणा की है

क केवल (A) सही है   ग (A) और (B) दोनों सही हैं

ख केवल (B) सही है   घ (A) और (B) दोनों गलत हैं

11. केंद्रीय हिंदी समिति की बैठक की अध्यक्षता कौन करता है ?

क केंद्रीय गृह मंत्री   ग प्रधान मंत्री

ख गृह राज्य मंत्री   घ इनमें से कोई नहीं

12. राजभाषा में तकनीकी और विज्ञान विषयों पर मूल पुस्तकें लिखने के लिए कौन सा पुरस्कार दिया जाता है ?

क राजभाषा गौरव पुरस्कार   ग राजभाषा ज्ञान पुरस्कार

ख राष्ट्रभाषा गौरव पुरस्कार   घ राजभाषा शिरोमणि

13. राजभाषा नियम 1976 के तहत:

(A) "क्षेत्र क" का अर्थ बिहार, हरियाणा, हिमाचल प्रदेश, मध्य प्रदेश, छत्तीसगढ़, झारखंड, उत्तराखंड, राजस्थान और उत्तर प्रदेश राज्यों और दिल्ली और अंडमान और निकोबार द्वीप समूह के केंद्र शासित प्रदेशों से है और

(B) "क्षेत्र ख" का अर्थ है गुजरात, महाराष्ट्र और पंजाब राज्य और केंद्र शासित प्रदेश चंडीगढ़, दमन और दीव और दादरा और नगर हवेली

क केवल (A) सही है   ग (A) और (B) दोनों सही हैं

ख केवल (B) सही है   घ (A) और (B) दोनों गलत हैं

14. राजभाषा नियम 1976 के नियम 12 के अनुसार कार्यालय में राजभाषा नीति के कार्यान्वयन के लिए कौन जिम्मेदार है ?

क राजभाषा अधिकारी   ग विभागीय प्रमुख

ख कार्यालय के प्रमुख   घ इनमें से कोई नहीं

15. इनमें से किस प्रावधान के अनुसार केंद्र सरकार के कार्यालयों द्वारा हिंदी में पत्राचार के उत्तर हिंदी में भेजे जाने चाहिए?

क राजभाषा नियम का नियम 5   ग संविधान का अनुच्छेद 340

ख राजभाषा अधिनियम 1963 का नियम 5   घ इनमें से कोई नहीं

उत्तर

1. ग   *2.* ग   *3.* ग   *4.* घ   *5.* ख   *6.* ख   *7.* ख   *8.* क

9. ख   *10.* ग   *11.* ग   *12.* क   *13.* ग   *14.* ख   *15.* क

श्वेता मिश्रा

Enter Caption

15

CBT-NAIR -ACM-2022 QUESTION PAPER AND ANSWER

1. राजभाषा अधिनियम कब पारित हुआ ?
    क   15 जनवरी, 1963   ग   10 मई 1963
    ख   10 अप्रैल, 1965   घ   13 जून 1967
2. राजभाषा आयोग के प्रथम अध्यक्ष कौन थे ?
    क   बालकृष्ण गोखले   ग   बालासाहेब गंगाधर खेर
    ख   गोपालकृष्ण रानडे   घ   बाल गंगाधर तिलक
3. संविधान की अष्टम अनुसूची में कितनी भाषाएँ शामिल है ?
    क   19   ग   21
    ख   20   घ   22
4. राजभाषा नियम 1976 में प्रथम संशोधन किस वर्ष में किया गया था?
    क   1987   ग   1989
    ख   1988   घ   1990
5. अनुशासनिक कार्यवाही संबंधी प्रलेख कर्मचारी को किस भाषा में दिये जाने का प्रावधान है?
    क   'क्षेत्रीय भाषा   ग   अंग्रेजी
    ख   'हिंदी   घ   हिंदी या अंग्रेजी, कर्मचारी जिसमें चाहता हो
6. रेल कर्मचारियों की प्रतिभा का प्रतिसाहित करने के लिए काव्य संग्रह के लिए कौन-सी योजना चलाई जा रही है?
    क   मैथिलीशरण गुप्त पुरस्कार योजना   ग   महादेवी वर्मा पुरस्कार योजना
    ख   'रामधारी सिंह दिनकर पुरस्कार योजना   घ   'हरिवंश राय बच्चन पुरस्कार योजना
7. नगर राजभाषा कार्यान्वयन समिति की बैठक कब-कब होती है?
    क   माह में एक बार   ग   3 माह में एक बार
    ख   2 माह में एक बार   घ   छः माह में एक बार
8. भारत संघ की राजभाषा क्या है?
    क   ब्राह्मी लिपि में हिंदी   ग   देवनागरी लिपि में हिंदी
    ख   सिंधी लिपि में हिंदी   घ   नागरी लिपि में हिंदी
9. केन्द्रीय हिन्दी समिति के उपाध्यक्ष कौन होते हैं?
    क   रक्षा मंत्री   ग   प्रधान मंत्री
    ख   'गृह मंत्री   घ   विदेश मंत्री
10. संविधान के अनुसार सांविधिक नियमों, विनियमों और आदेशों का अनुवाद कौन करता है ?
    क   गृह मंत्रालय   ग   रेल मंत्रालय
    ख   रेलवे बोर्ड   घ   विधि मंत्रालय
11. आरंभिक तौर से संविधान की आठवीं अनसची में कितनी भाषाएं शामिल थीं?
    क   19   ग   14
    ख   22   घ   18

Enter Caption

12. कमलापति त्रिपाठी राजभाषा स्वर्ण पदक किस स्तर के अधिकारी के लिए है?

क प्रमुख विभागाध्यक्ष   ग महाप्रबंधक एवं उनसे ऊपर स्तर के अधिकारी के लिए

ख 'सभी अधिकारियों के   घ राजभाषा में उत्कृष्ट कार्य करने वाले अधिकारी के लिए
लिए

13. रेल मंत्री राजभाषा रजत पदक की पुरस्कार राशि क्या है?

क स्वर्ण पदक + रु. 10,000 नकद   ग कांस्य पदक + रु. 6,000 नकद तथा प्रशस्ति
तथा प्रशस्ति पत्र   पत्र

ख रजत पदक + रु.8,000 नकद   घ रजत पदक + रु. 9,000 नकद तथा प्रशस्ति
तथा प्रशस्ति पत्र   पत्र

15. हिंदी भाषा के विकास के लिए निदेश किस अनुच्छेद में दिए हैं?

क 343   ग 351

ख 349   घ 345

15. राजभाषा विभाग का गठन कब हुआ?

क अप्रैल, 1975 में   ग मई, 1975 में

ख जुलाई, 1975 में   घ जून, 1975 में

उत्तर

1.	ग	2.	ग	3.	घ	4.	क	5.	घ	6.	क	7.	घ	8.	ग
9.	ख	10.	घ	11.	ग	12.	ग	13.	ग	14.	ग	15.	ग		

Enter Caption

16

CBT-NAIR -AOM-2022 QUESTION PAPER AND ANSWER

1. संविधान सभा ने किस वर्ष हिंदी को स्वतंत्र भारत की राजभाषा के रूप में स्वीकार किया ?
   क   26 जनवरी, 1950   ग   09 अगस्त, 1942
   ख   15 अगस्त, 1947   घ   14 सितंबर, 1949

2. राजभाषा अधिनियम, 1963 का संशोधन किस वर्ष में हुआ?
   क   1967   ग   1965
   ख   1964   घ   1966

3. संसदीय राजभाषा समिति में कुल कितने सदस्य होते हैं ?
   क   30   ग   25
   ख   28   घ   20

4. संसदीय राजभाषा समिति की कितनी उप समितियां हैं?
   क   1   ग   3
   ख   2   घ   4

5. मुख्य राजभाषा अधिकारी का कार्यकाल कितनी वर्ष/माह का होता है?
   क   1 वर्ष   ग   3 वर्ष
   ख   2 वर्ष   घ   6 माह

6. हिंदीतर भाषी राज्यों में नाम बोर्ड, पदनाम बोर्ड एवं सूचना बोर्ड को नियमानुसार किस क्रम में प्रदर्शित किया जाना अपेक्षित है?
   क   हिंदी भाषा, अंग्रेजी भाषा, क्षेत्रीय भाषा   ग   क्षेत्रीय भाषा, अंग्रेजी भाषा, हिंदी भाषा
   ख   क्षेत्रीय भाषा, हिंदी भाषा, अंग्रेजी भाषा   घ   अंग्रेजी भाषा, क्षेत्रीय भाषा, हिंदी भाषा

7. हिंदी में प्रवीणता प्राप्त अधिकारियों को कितने प्रतिशत कार्य हिंदी में करने के लिए कार्यालय प्रमुख द्वारा व्यक्तिशः आदेश जारी किए जा सकते हैं?
   क   75%   ग   90%
   ख   80%   घ   100%

8. हिंदीतर भाषी क्षेत्रों के निवासियों को दिए गए आश्वासनों को कानूनी रूप देने के लिए कौन सा अधिनियम पारित किया गया?)
   क   अधिनियम 1963   ग   अधिनियम 1967 (संशोधित)
   ख   अधिनियम 1976   घ   अधिनियम 1965

9. केन्द्र सरकार के हिंदी पाठ्यक्रमों की शिक्षा प्रणाली क्या है?
   क   'नियमित   ग   पत्राचार
   ख   गहन   घ   दिए गए सभी विकल्प

10. संविधान के भाग- 17 में संघ की भाषा से संबंधित अध्याय-2 में कितने अनुच्छेदों का उल्लेख है?
   क   5   ग   4
   ख   8   घ   3

Enter Caption

11. इनमें से कौन सी भाषा देवनागरी लिपि में नहीं लिखी जाती है?

क हिंदी   ग गुजराती

ख संस्कृत   घ मराठी

12. हिंदी डिक्टेशन पुरस्कार योजना के अंतर्गत 'ग' क्षेत्र के अधिकारियों के लिए निर्धारित पुरस्कार की धनराशि क्या है?

क ₹ 4000   ग ₹ 2000

ख ₹ 1000   घ ₹ 5000

13. भारतीय संविधान के कुल कितने भागों में भाषा संबंधी प्रावधान है ?

क 2   ग 3

ख 4   घ 5

14. संघ के शासकीय प्रयोजनों के लिए प्रयोग होने वाले अंकों का रूप क्या होगा?

क 1,2,3,4   ग I,II,III,IV

ख एक,दो,तीन,चार   घ १,२ ,३ ,४

15. हिंदी में प्रवीणता प्राप्त कर्मचारी किसे कहा जाता है?

क प्राइमरी स्तर पर हिंदी का ज्ञान   ग मैट्रिक स्तर पर हिंदी का ज्ञान

ख प्राइमरी स्तर की परीक्षा हिंदी   घ मैट्रिक स्तर की परीक्षा हिंदी माध्यम से
माध्यम से उत्तीर्ण   उत्तीर्ण

उत्तर

1.	घ	2.	क	3.	क	4.	ग	5.	क	6.	ख	7.	घ	8.	ग
9.	घ	10.	घ	11.	ग	12.	घ	13.	ग	14.	क	15.	घ		

Enter Caption

17

CBT-NAIR -AEN-2022 QUESTION PAPER AND ANSWER

1. भारत के किस एक मात्र राज्य की राजभाषा अंग्रेज़ी है ?

   क   गोवा   ग   मिजोरम
   ख   पुदुचेरी   घ   नागालैंड

2. किसी भाषा को राज्य की अधिकारिक भाषा के रूप में अपनाने का अधिकार किसे है?

   क   संसद के दोनों सदनों को   ग   राष्ट्रपति को
   ख   राज्य विधायिका को उत्तर   घ   प्रधानमंत्री को

3. निम्न से कौन सी भाषा संविधान की आठवी अनुसूची में सम्मिलित नही है?

   क   उर्दू   ग   संथाली
   ख   कोंकणी   घ   राजस्थानी

4. केंद्रीय भारतीय भाषा संस्थान कहाँ स्थित है?

   क   लखनऊ
   ख   हैदराबाद
   ग   मैसूर **उत्तर**
   घ   पटना

5. राजभाषा आयोग के प्रथम अध्यक्ष कौन थे?

   क   बी.जी. खेर   ग   ललित नारायण मिश्र
   ख   जी.बी.पंत   घ   रामधारी सिंह दिनकर

6. राजभाषा नियम 1976 के नियम 11 के अनुसार मैनुअल, संहिताएं, प्रक्रिया संबंधित अन्य साहित्य, लेखन सामग्री आदि किन भाषाओं में होनी चाहिए?

   क   हिंदी में   ग   हिंदी तथा अंग्रेज़ी में
   ख   अंग्रेज़ी में   घ   स्थानीय भाषा में

7. रेलवे बोर्ड द्वारा हिन्दी में काव्य लेखन के लिए कौन सा पुरस्कार प्रदान किया जाता है ?

   क   मैथिलीशरण गुप्त पुरस्कार योजना
   ख   प्रेमचंद पुरस्कार योजना
   ग   लाल बहादुर शास्त्री पुरस्कार
   घ   जयशंकर प्रसाद पुरस्कार

8. राजभाषा नियम के अनुसार, अंदमान व निकोबार द्वीप किस क्षेत्र में आता है?

   क   घ क्षेत्र में   ग   ख क्षेत्र में
   ख   ग क्षेत्र में   घ   क क्षेत्र में उत्तर

9. राजभाषा नियम 1976 के नियम 11 के अनुसार मैनुअल, संहिताएं, प्रक्रिया संबंधित अन्य साहित्य, लेखन सामग्री आदि किन भाषाओं में होनी चाहिए?

   क   हिंदी और स्थानीय भाषा   ग   केवल अंग्रेजी
   ख   हिंदी और अंग्रेजी   घ   केवल हिंदी

10. "क" क्षेत्र में स्थित केंद्र सरकार के एक कार्यालय से "क" क्षेत्र में स्थित राज्य सरकार के कार्यातयों को हिन्दी में मूल पत्राचार का लक्ष्य क्या है ?

    क   50 %   ग   75 %

Enter Caption

     ख 60 %   घ   100 % उत्तर

11. संघ की राजभाषा हिंदी की लिपि क्या है?

    क देवनागरी   ग ब्राह्मी

    ख रोमन   घ पाली

12. संविधान की आठवी अनुसूची में *कितनी भाषाए* सम्मिलित है?

    क 18   ग   22

    ख 22   घ   24

13. किसी भी कार्यालय की राजभाषा कार्यान्वयन समिति की बैठकों की आवृत्ति कितनी होती है?

    क महीने में एक बार

    ख तीन महीने में एक बार **उत्तर**

    ग छह महीने में एक बार

    घ बारह महीनों में एक बार

14. केंद्रीय हिंदी समिति के अध्यक्ष कौन होते है?

    क गृहमंत्री   ग प्रधान मंत्री

    ख नेता प्रतिपक्ष   घ रेलमंत्री

15. यदि किसी कर्मचारी ने हिन्दी माध्यम से मैट्रिक या कोई समकक्ष परीक्षा या उच्चतर परीक्षा पास की हो तो उसके हिन्दी ज्ञान को क्या समझा जाएगा?

    क प्रवीण स्तर उत्तर   ग   प्रारंभिक स्तर

    ख प्राज्ञ स्तर   घ   कार्यसाधक स्तर

16. संविधान के किस अनुच्छेद में यह कहा गया है कि हिंदी का इस प्रकार विकास किया जाये कि वह भारत की कंपोजिट करके की अभिव्यक्ति का माध्यम बन सके?

    क अनुच्छेद 356 में

    ख अनुच्छेद 355 में

    ग अनुच्छेद 353 में

    घ अनुच्छेद 351 में

17. राजभाषा नियम 1976 के नियम 8 के अनुसार, हिंदी का कार्यसाधक ज्ञान रखने वाला केंद्र सरकार का कर्मचारी किसी दस्तावेज का अंग्रेजी अनुवाद मांग सकता है, यदि ..

    क जब उसको अंग्रेजी अनुवाद की जरूरत हो

    ख जब दस्तावेज विधि या तकनीकी प्रवृति का हो

    ग जब दस्तावेज ग क्षेत्र से आया हो

    घ जब दस्तावेज 2 पेज से ज्यादा लंबा ना हो

18. राजभाषा नियम 1976 के नियम 12 के अनुसार, केंद्र सरकार के कार्यालयों में राजभाषा अधिनियम एवं नियमों का अनुपाल सुनिश्चित करवाना किसकी जिम्मेदारी है ?

    क कार्यालय के प्रशासनिक प्रधान की

    ख कार्यालय के मुख्य राजभाषा अधिकारी की

Enter Caption

ग   कार्यालय के कर्मचारियों की

घ   कार्यालय के सभी अधिकारियों की

19.   केंद्र सरकार के कर्मचारियों के लिए कितने स्तर के हिन्दी पाठ्यक्रम निर्धारित है?

क   एक

ख   दो

ग   तीन

घ   चार

20.   वर्ष 1951 में पहला विश्व हिन्दी सम्मेलन कहाँ आयोजित किया गया था?

क   दिल्ली भारत में

ख   नागपुर भारत में

ग   काठमांडू नेपाल में

घ   सुवा फिजी में

उत्तर

1.	घ	2.	ख	3.	घ	4.	ग	5.	क	6.	ग	7.	क	8.	घ
9.	ख	10.	घ	11.	क	12.	ग	13.	ख	14.	ग	15.	क	16.	घ
17.	ख	18.	क	19.	घ	20.	ख								

Enter Caption

18

CBT-NAIR -AEE-2022 QUESTION PAPER AND ANSWER

1. राजभाषा के प्रयोजन के लिए अपने देश को कितने क्षेत्रों में बांटा गया है ?
   क   तीन क्षेत्रों में
   ख   चार क्षेत्रों में
   ग   दो क्षेत्रों में
   घ   पांच क्षेत्रों में

2. ख क्षेत्र के अंतर्गत आने वाला राज्य है ।
   क   हिमाचल प्रदेश
   ख   पंजाब
   ग   उत्तर प्रदेश
   घ   हरियाणा

3. क क्षेत्र के अंतर्गत आने वाला राज्य है ।
   क   महाराष्ट्र
   ख   कर्नाटक
   ग   छत्तीसगढ़
   घ   आंध्र प्रदेश

4. *DELETED*

5. प्रत्येक दिन प्रत्येक वर्ष हिंदी दिवस मना को मनाया जाता है ?
   क   15 सितंबर
   ख   16 सितंबर
   ग   14 सितंबर
   घ   13 सितंबर

6. राजभाषा अधिनियम 1963 की धारा 33 से प्रभावी हुई ?
   क   26 जनवरी 1965
   ख   27 जनवरी 1965
   ग   26 जनवरी 1964
   घ   27 जनवरी 1964

7. राजभाषा अधिनियम 1963 की धारा 4 से संबंधित है ?
   क   क्षेत्रीय राजभाषा समिति की गठन
   ख   संसदीय राजभाषा समिति के गठन
   ग   नगर राजभाषा समिति के गठन
   घ   दिए गए विकल्पों में से कोई नहीं

8. राज्य भाषा से संबंधित अनुच्छेद 343 से अनुच्छेद 351 का उल्लेख संविधान के में है?
   क   भाग 15
   ख   भाग 16

Enter Caption

ग   भाग 17

घ   भाग 18

9. राजभाषा अधिनियम 1963 यथा संशोधित 1967 की कौन सी धारा के तहत केंद्र सरकार को नियम बनाने की शक्ति प्रदान की गई है ?

क   धारा 8

ख   धारा 6

ग   धारा 5

घ   धारा 7

10. रेल मंत्रालय का निरीक्षण संसदीय राजभाषा की समिति की करती है ?

क   पहली उपसमिति

ख   दूसरी उप समिति

ग   तीसरी उप समिति

घ   दिए गए विकल्पों में से कोई नहीं

11. नगर राजभाषा कार्यान्वयन समिति की बैठक कितने अंतराल पर की जाती है ?

क   2 महीने में एक बार

ख   6 महीने में एक बार

ग   3 महीने में एक बार

घ   प्रत्येक महीने में

12. संसदीय राजभाषा भाषा समिति में कुल _____सदस्य होते हैं ।

क   10

ख   20

ग   30

घ   40

13. आठवीं अनुसूची में कौन सी विदेशी भाषा को शामिल किया गया है ?

क   अरबी

ख   चीनी

ग   नेपाली

घ   फारसी

14. राजभाषा कार्यान्वयन समिति का समिति की बैठकों का बैठकों का अंतराल क्या है ?

क   प्रतिमाह

ख   6 महीने में एक बार

ग   2 महीने में एक बार

घ   3 महीने में एक बार

15. कर्मचारी के कार्य साधक ज्ञान की परिभाषा किस नियम के अंतर्गत दी गई है ?

Enter Caption

क राजभाषा नियम 1976 के नियम 8 के अंतर्गत
ख राजभाषा नियम 1976 के नियम 9 के अंतर्गत
ग राजभाषा नियम 1976 के नियम 10 के अंतर्गत
घ दिए गए विकल्पों में से कोई नहीं

उत्तर

1.	क	2.	ख	3.	ग	4.	DELETED	5.	ग	6.	क	7.	ख	8.	ग
9.	क	10.	ख	11.	ख	12.	ग			13.	ग	14.	घ	15.	ग

Enter Caption

19

CBT-NAIR -AME/ AWM-2022 QUESTION PAPER AND ANSWER

1. राजभाषा अधिनियम यथा संशोधित 1967 की धारा 3(3) के अंतर्गत आने वाले दस्तावेज को किस भाषा में जारी करना अनिवार्य है ?

    क केवल हिंदी में   ग हिंदी तथा क्षेत्रीय भाषा में

    ख केवल अंग्रेजी में   घ हिंदी अंग्रेजी द्विभाषी रूप में

2. राजभाषा अधिनियम 1976 के अनुसार निम्न में कौन राज्य 'ग' क्षेत्र में नही है ?

    क असम   ग तमिलनाडु

    ख महाराष्ट्र   घ सिक्किम

3. केंद्रीय सरकार का राजकीय कार्य हिंदी में करने के लिए वार्षिक कार्यक्रम तैयार करने की जिम्मेदारी किस मंत्रालय की है?

    क गृह मंत्रालय   ग कृषि मंत्रालय

    ख रेल मंत्रालय   घ सड़क एवं परिवहन मंत्रालय

4. केंद्रीय हिंदी समिति के अध्यक्ष कौन होते है ?

    क गृहमंत्री   ग प्रधानमंत्री

    ख नेता प्रतिपक्ष   घ रेलमंत्री

5. निम्न में से कौन सी भाषा संविधान की आठवी अनुसूची में सम्मिलित नही हैं ?

    क मलयालम   ग भोजपुरी

    ख मैथिली   घ तेलुगु

6. हिंदी दिवस किस तिथि को मनाया जाता है ?

    क 16 अप्रैल   ग 14 सितम्बर

    ख 16 सितम्बर   घ 2 अक्टूबर

7. निम्न   से   कौन-कौन से दस्तावेज़ राजभाषा अधिनियम 1963 की धारा 3(3) में आता है ?

    क कॉन्ट्रैक्ट्स (संविदा)

    ख नोटिफिकेशन (अधिसूचना)

    ग रसोलूशन्स (संकल्प)

    घ यह सभी विकल्प सही हैं

8. संविधान की आठवी अनुसूची में *कितनी भाषाए* सम्मिलित है

    क 25   ग 21

    ख 22   घ 24

9. हिंदी में कथा / कहानी संग्रह एवं उपन्यास लेखन हेतु रेल मंत्रालय द्वारा कौन सी पुरस्कार योजना लागू है ?

    क मैथिलीशरण गुप्त पुरस्कार योजना   ग यशपाल पुरस्कार योजना

    ख प्रेमचंद पुरस्कार योजना   घ अज्ञेय पुरस्कार योजना

10. निम्न अंग्रेजी शब्द तथा उनके हिंदी अनुवाद में उस युग्म का चयन करे जिसमें सही हिंदी अनुवाद नहीं दिया गया है

    क Approved-अनुमोदित

    ख Sanctioned- स्वीकृत

Enter Caption

ग Draft- मसौदा

घ Chief Administrative Officer –मुख्य कार्यपालक अधिकारी **उत्तर**

11. मंडल राजभाषा कार्यान्वयन समिति की बैठक के अध्यक्ष कौन होते हैं?

क मंडल रेल प्रबंधक ग उप महाप्रबंधक

ख अपर मंडल रेल प्रबंधक घ राजभाषा अधिकारी

12. निम्न में कौन सा राज्य 'राजभाषा अधिनियम 1976' के अनुसार क्षेत्र 'क' में सम्मिलित नही है

क उत्तर प्रदेश ग छत्तीसगढ़

ख मध्य प्रदेश घ पंजाब

13. निम्न अंग्रेजी शब्द तथा उनके हिंदी अनुवाद में उस युग्म का चयन करें जिसमें अंग्रेजी शब्द का सही हिंदी अनुवाद नहीं दिया गया है?

क Additional General Manager - अपर महाप्रबंधक

ख Principal Finance Advisor accident- वित्त सलाहकार उत्तर

ग Relief Train- दुर्घटना राहत ट्रेन

घ Divisional Mechanical Engineer- मंडल यांत्रिक अभियंता

14. मूल संविधान के अनुच्छेद 343(2) के अनुसार कितनी कार्यावधि लिए संघ के राजकीय प्रयोजन अंग्रेज़ी का प्रयोग किया जाना सुनिश्चित किया गया है?

क दस वर्ष तक ग बीस वर्ष तक

ख पंद्रह वर्ष तक घ कोई समय सीमा नही है

15. निम्न अंग्रेजी शब्द तथा उनके हिंदी अनुवाद में उस युग्म का चयन करें जिसमें अंग्रेजी शब्द का सही हिंदी अनुवाद नहीं दिया गया है?

क IRMS- भारतीय रेल प्रबंधक सेवा प्रबंधन

ख Mechanical Engineer - यांत्रिक अभियंता

ग Allowance- भत्ता

घ Casual Labour- लापरवाह श्रमिक

उत्तर

1. घ	2. ख	3. क	4. घ	5. ग	6. ग	7. घ	8. ख
9. ख	10. घ	11. क	12. घ	13. ख	14. ख	15. घ	

Enter Caption

20

CBT-NAIR -ASTE-2022 QUESTION PAPER AND ANSWER

1. भारत के संविधान के अनुच्छेद 343 (1) के अनुसार कौन सी भाषा और लिपि संघ की राजभाषा होगी ?

   क देवनागरी लिपि में हिंदी   ग रोमाजी लिपि में हिंदी

   ख ब्राह्मी लिपि में हिंदी   घ रोमाजी लिपि में हिंदी

2. राजभाषा नियमों के अनुसार भारत को कितने क्षेत्रों में वर्गीकृत किया गया है?

   क 2   ग 4

   ख 3   घ 5

3. राजभाषा नियमों के अनुसार गुजरात राज्य को किस क्षेत्र के अंतर्गत वर्गीकृत किया गया है?

   क क   ग ग

   ख ख   घ घ

4. भारत में हिंदी दिवस कब बनाया जाता है ?

   क जनवरी 01   ग सितंबर 04

   ख जनवरी 10   घ सितंबर 14

5. यदि कर्मचारियों में मैट्रिक या समकक्ष या उच्च परीक्षा में हिंदी एक विषय के रूप में उत्तीर्ण की है तो उसे क्या माना जाएगा ?

   क हिंदी में प्रवीणता   ग हिंदी में योग्यता

   ख हिंदी में कार्य साधक ज्ञान   घ हिंदी में महारत

6. भारत संसद की राजभाषा समिति में कितने सदस्य होते हैं ?

   क 20   ग 30

   ख 40   घ 10

7. संसद की राजभाषा समिति में लोकसभा के कितने सदस्य होते हैं ?

   क 20   ग 30

   ख 40   घ 10

8. राजभाषा अधिनियम को लागू करने के लिए नियमों नियम बनाने का अधिकार किसे है ?

   क केन्द्रीय सरकार   ग रेलवे बोर्ड

   ख राज्य सरकार   घ शिक्षा मंत्रालय

9. संसद द्वारा राजभाषा अधिनियम किस वर्ष अधिनियमित किया गया था ?

   क 1960   ग 1967

   ख 1963   घ 1987

10. 1955 में गठित प्रथम राजभाषा आयोग के अध्यक्ष कौन थे ?

    क श्री बी. जी. खेर   ग श्री ओम मेहता

    ख श्री जी.बी. पंत   घ पंडित जवाहरलाल नेहरू

11. भारत संघ के आधिकारिक उद्देश्यों में अंक के किस रूप का उपयोग किया जाना चाहिए?

Enter Caption

क	देवनागरी अंक	ग	रोमन अंक
ख	भारतीय अंको का अंतरराष्ट्रीय स्वरूप	घ	ब्राह्मी अंक

12. केंद्र सरकार के कार्यालय का नाम राजपत्र में कब हिंदी का कार्यसाधक ज्ञान प्राप्त कर लेने के लिए अधिसूचित किया जाएगा?

क	70% कर्मचारियों ने हिंदी का कार्यसाधक ज्ञान प्राप्त कर लिया है	ग	जब 90% कर्मचारियों ने हिंदी का कार्यसाधक ज्ञान प्राप्त कर लिया है।
ख	जब 80% कर्मचारियों ने हिंदी का कार्यसाधक ज्ञान प्राप्त कर लिया है	घ	जब 100% कर्मचारियों ने हिंदी का कार्यसाधक ज्ञान प्राप्त कर लिया है

13. मंडल राजभाषा कार्यान्वयन समिति के अध्यक्ष कौन है?

क	सीनियर डीपीओ	ग	सीनियर डीसीएम
ख	मुख्य राजभाषा अधिकारी	घ	मंडल रेल प्रबंधक

14. राजभाषा नियम 1976 में कितने नियम है?

क	9	ग	12
ख	10	घ	14

15. मंडल रेल कार्यालय की राजभाषा कार्यान्वयन समिति की बैठकों की आवधिकता क्या है ?

क	3 महीने में एक बार	ग	साल में एक बार
ख	6 महीने में एक बार	घ	2 साल में एक बार

उत्तर

1. क	2. ख	3. ख	4. घ	5. ख	6. ग	7. क	8. क
9. ख	10. क	11. ख	12. ख	13. घ	14. ग	15. क	

Enter Caption

21

CBT-NAIR -AMM-2022 QUESTION PAPER AND ANSWER

1. संसदीय राजभाषा समिति में कुल कितने सदस्य होते हैं?

   क   10   ग   30

   ख   20   घ   40

2. संसदीय राजभाषा समिति की कौन सी उपसमिति रेल कार्यालयों का निरीक्षण करती है?

   क   दूसरी उपसमिति   ग   पहली उपसमिति

   ख   तीसरी उपसमिति   घ   इनमें से कोई नहीं

3. राजभाषा अधिनियम कब बना?

   क   1961   ग   1962

   ख   1963   घ   1968

4. राजभाषा अधिनियम की किस धारा के अधीन 14 दस्तावेजों को हिंदी और अंग्रेजी दोनों भाषाओं में अनिवार्य रूप से तैयार जारी या निष्पादित किया जाता है?

   क   धारा 3(1)   ग   धारा 3(3)

   ख   धारा 3(2)   घ   धारा 3(4)

5. राजभाषा प्रचार प्रसार की दृष्टि से देश को कितनी क्षेत्रों में वर्गीकृत किया गया है?

   क   2   ग   4

   ख   3 **उत्तर**   घ   5

6. अंडमान और निकोबार द्वीप समूह राजभाषा के प्रयोग प्रसार हेतु किस क्षेत्र में वर्गीकृत किए गए हैं?

   क   क क्षेत्र   ग   ग क्षेत्र

   ख   ख क्षेत्र   घ   घ क्षेत्र

7. हिंदी को भारत में संघ की राजभाषा के रूप में कब अपनाया गया था?

   क   10 जनवरी 1975   ग   10 सितंबर 1975

   ख   14 सितंबर 1949   घ   14 सितंबर 1963

8. नगर राजभाषा कार्यान्वयन समिति की बैठकों का आयोजन किस अंतराल में किया जाता है?

   क   3 महीने में एक बार   ग   वर्ष में एक बार

   ख   6 महीने में एक बार   घ   सुविधानुसार

9. अंग्रेजी से हिंदी अनुवाद के लिए राजभाषा विभाग गृह मंत्रालय की वेबसाइट में उपलब्ध सॉफ्टवेयर का क्या नाम है?

   क   लीला   ग   कंठस्थ

   ख   श्रुतलेखन   घ   प्रवाचक

Enter Caption

10. हिंदी के प्रयोग के लिए वर्ष 2022 23 के वार्षिक कार्यक्रम के अनुसार क क्षेत्र से ख के लिए हिंदी का कितना प्रतिशत मूल पत्राचार निर्धारित है?

    क 45%   ग 65%

    ख 55%   घ 75%

11. निम्नलिखित में से किसमें केवल एक भाषा का प्रयोग किया जा सकता है?

    क पत्र शीर्ष (लेटरहेड   ग टिप्पणी

    ख विज़िटिंग कार्ड   घ फाइल कवर

12. निम्नलिखित में से कौन सा प्रलेख राजभाषा अधिनियम 1963 की धारा 3(3) के अंतर्गत शामिल नहीं है?

    क सामान्य आदेश   ग प्रेस विज्ञप्ति

    ख अधिसूचना   घ अभ्यावेदन

13. राजभाषा अधिनियम की धारा 3(3) के अनुपालन का दायित्व किसको सौंपा गया है?

    क कार्यालय के प्रशासनिक   ग ऐसे दस्तावेजों पर हस्ताक्षर करने
        प्रधान को   वालों को

    ख राजभाषा अधिकारी को   घ संबंधित लिपिक को

14. तकनीकी रेल विषयों पर हिंदी में मौलिक पुस्तक लिखने के लिए चालू की गई योजना कौन सी है?

    क विश्वसरैया तकनीकी मौलिक   ग आचार्य महावीर प्रसाद तकनीकी
        पुस्तक लेखन पुरस्कार योजना   मौलिक पुरस्कार योजना

    ख लाल बहादुर शास्त्री तकनीक   घ शिवसागर मिश्र तकनीकी मौलिक
        मौलिक लेख पुस्तक लेखन   पुस्तक लेखन पुरस्कार योजना
        पुरस्कार योजना

15. राजभाषा का वार्षिक कार्यक्रम कौन तैयार करता है?

    क मानव संसाधन मंत्रालय   ग सभी मंत्रालय

    ख रेल मंत्रालय   घ गृह मंत्रालय

उत्तर

| 1. ग | 2. क | 3. ख | 4. ग | 5. ख | 6. क | 7. ख | 8. ख |
| 9. ग | 10. ग | 11. ग | 12. घ | 13. ग | 14. ख | 15. घ | |

Enter Caption

www.ingramcontent.com/pod-product-compliance
Lightning Source LLC
Chambersburg PA
CBHW070856160726
48004CB00003B/1114